KMH 전문가 그룹
최면상담 사례집

무의식 REPROGRAMMING

무 의 식 REPROGRAMMING

KMH 전문가 그룹
최면상담 사례집

한국 현대최면 마스터 스쿨 지음

글을 시작하며

최면이 한국에 알려진 지 적지 않은 시간이 흘렀다. 그동안 소수의 선구적인 최면 트레이너들의 열정과 노력으로 최면이란 분야가 과거에 비해 대중들에게 많이 친숙해졌다.

그러나 여전히 최면을 바라보는 대중들과 타 전문가들의 인식은 최면을 각종 '오해'들과 함께 비주류의 미신적인 어떤 것으로 치부하는 경향이 있다. 왜냐하면 대부분 그들이 최면이란 것을 접하고 평가하는 기준은 영화나 TV 또는 인터넷으로부터 접한 잘못된 정보들을 바탕으로 하기 때문이다.

이미 '최면'이라는 단어 자체에서 오는 이미지에서부터 잠과 결부된 어떤 정상적이지 않은 상태라는 오해를 주기에 충분하다. 뿐만 아니라 온라인을 비롯한 여러 매체에서 최면에 관해 설명하고 있는 컨텐츠들은 제각기 다른 주장들을 하고 있는 실정이다. 따라서 최면에 대해 홍

미를 느끼고 좀 더 깊은 정보를 알아보려는 이들을 오히려 혼란스럽게 하는 것은 어쩌면 당연하다 여겨진다.

이렇게 전문가를 자칭하는 소수의 최면인들이 말하는 내용조차 제각각인데 어찌 타 분야의 전문가나 대중들이 최면의 본 모습을 제대로 파악하고 평가할 수 있을까.

지금까지 대중의 인식 속 최면의 이미지는 단지 영화 속에 등장하는 왜곡된 이미지나 두리뭉실한 겉모습, 단순 암시 위주의 생활 최면적 측면들이 주축을 이루었다. 앞으로는 이 분야의 대중성 향상과 질적 성장을 위해 일반인을 비롯하여 최면에 관심을 가진 이들에게 최면의 전문적이고 체계적인 측면이 더 많이 알려지고 인식되어야 할 것이다.

다행스럽게도 시간이 지남에 따라 느리지만 점점 체계적이고 전문적인 절차들을 통해 훈련된 최면 전문가들의 수가 늘어나고 있으며, 그 결과 최면업계 종사자들의 눈높이 역시 점점 상향 평준화되기 시작하고 있다.

저자는 이미 『의식을 여는 마스터키, 최면 : 메즈머리즘에서 울트라 뎁스®까지』와 『최면, 써드 제너레이션 : 에고를 넘어서』라는 두 권의 책을 통해 세대별 최면 패러다임의 변화와 기법을 넘어선 깊이, 우리의 에고체계에 대한 이야기들을 썼다. 이 두 권의 책들은 최면의 전반적 내용을 포괄하고 있지만 기존 최면 책들에서 언급된 것 외의 이야기에 많은 지면을 할애했다. 이 책들의 목적은 대중들에게 최면에 대한 현대적인 패러다임을 알리고 최면에 대한 본질과 그 이면에 있는 인간의 의식에 대한 통찰을 주기 위한 것이었다.

세 번째로 쓰인 이 책은 최면의 다양한 영역 중에서도 '최면상담'에 대한 전문적이고 구조적인 접근과 적용을 엿보고 최면상담의 본질과 가능성을 인식시키기 위한 '최면상담 사례집'이다.

그러나 이 책은 학술적인 목적의 책이 아닌 만큼 딱딱한 기법이나 분석을 나열하는 것보다 일반인들의 눈높이에 맞추어 상담회기에 따른 내담자의 변화과정을 엿볼 수 있도록 스토리에 더욱 초점을 두었다.

최면상담 필드에서 저자가 직업적인 프로로서 본격적인 활동을 시작한 것은 2000년대 중반이었다. 물론 당시에는 인지하지 못했지만 훗날 돌이켜보면 그 이전 아마추어로서 행했던 실습들은 '최면상담'이라는 이름으로 부르기도 부끄러운 작업이었다.

당시 이러한 한계를 극복하기 위해 나름 국내에서 접할 수 있는 유사한 타 분야의 컨텐츠를 참고하거나 여러 가지 기법을 다양하게 배워보았지만, 최면상담에 대한 전문성과 깊이에 대해서는 늘 아쉬움이 남았다.

당시 최면상담에 대한 구조적이고 전문적인 접근을 국내에서 배울 수 있는 여건은 다소 제한적이었기에 결국 최면상담이 발전해있는 해외의 전문가나 전문기관들로 눈을 돌릴 수밖에 없었다. 그들은 대체 어떤 접근법을 사용하고 어떤 결과들을 만들어내는지, 내가 지금껏 알고 있던 접근들과 어떻게 다른지 궁금했고 그들의 강의와 컨텐츠를 적극적으로 공부하기 시작했다. 그렇게 시작된 최면에 대한 탐구는 결국 십여 년에 걸쳐 적지 않은 시간과 비용을 투자해가며 미국 각지와 영국, 호주, 프랑스 등을 비롯한 5개국 이상, 십수 명의 최면 대가들을 찾아 직접 뛰어다니게 만들었고 이러한 과정에서 많은 것을 배우고 알아차렸다.

먼저 최면분야는 한 명의 창시자가 있는 것이 아니므로 너무나 많은 다양성과 변형이 존재하며 그 수준 또한 천차만별이라는 점이었다. 그러나 그런 다양성 속에서도 몇 가지 카테고리로 분류될 수 있는 공통적인 패러다임이 존재했다.

다음으로 오늘날의 최면상담은 매우 체계적이고 전문적으로 발전되고 있다는 점이었다. 물론 일부 전문성을 가장한 상업적인 마케터들도 존재하겠지만 그럼에도 불구하고 진지하게 깊이와 전문성을 확장하며 이 분야의 발전에 공헌하고 있는 전문가 집단들이 있었다.

이런 과정을 거치면서 저자처럼 적지 않은 비용과 긴 시간을 들여 시행착오를 겪을 필요 없이 한국 내에서도 전문적이고 체계적인 접근법을 배우고 공부할 수 있는 토양적 환경이 만들어졌으면 하는 바람이 싹텄다. 그래서 저자는 그동안의 오랜 시행착오들을 정제하고 구조화하여 하나의 연속 선상에 있는 체계로 통합한 '한국 현대최면 마스터 스쿨'의 통합 패러다임과 교육 시스템을 구축했다. 이는 제로세대~3세대에 이르는 최면 패러다임을 통합적 시각에서 체계화한 것이다.

이 과정에서 IACT(International Association of Counselors & Therapists) 마스터 최면 트레이너이자 울트라 뎁스® 헤드 에듀케이터인 권동현 원장님의 협력으로 한국에 '울트라 뎁스® 프로세스'와 '내담자 중심 최면상담 & 파츠 테라피'를 성공적으로 도입하게 되었고, 저자가 운영하는 '한국 현대최면 마스터 스쿨' 교육 체계의 초석을 다지게 되었다.

그와 함께 이영현 트레이너가 만든 시그니처 강의인 '정화와 소통' 시리즈의 중심개념과 이해, 그 지침들은 저자가 배우고 종합한 최면에 대한 체계 사이사이에 있는 공백들을 완벽하게 메워주고 단지 최면이라는 도구 그 이상의 것들을 볼 수 있게 하는 데 크게 일조했다.

직업인으로서 최면상담을 시작한 이후 약 15년의 세월이 흘렀고 동시간 동안 상담필드에서 수천 명의 내담자와 울고 웃으며 그들의 고민을 나누었다. 이 과정에서 저자가 익혔던 체계와 기법들이 실제로 상담 필드에서 어떻게 작용하는지 하나하나 검증하는 작업들을 거쳤다. 이 책에는 그런 과정에서 함께한 수많은 내담자가 최면상담을 통해 상처를 치유하며 극복해나가는 여정의 부분적인 기록이 담겨있다.

이 책은 저자 혼자만의 이야기가 아니다. '한국 현대최면 마스터 스쿨'의 독자적인 교육체계를 공유하는 'KMH 전문가 그룹'에 소속되어 인증받은 최면상담 전문가들이 해 왔던 내담자 중심 최면상담의 부분적인 기록들이 함께 담겨있다.

이것은 이 책의 사례들이 단지 저자의 개인적이고 특별한 경험만이 아니라, 이 체계를 공유하는 다른 전문가 모두 동일한 결과들을 경험하고 있다는 것을 증명한다.

'KMH 전문가 그룹'은 2세대와 3세대 최면 패러다임에 대한 이해, 21세기 최면상담의 미래라 할 수 있는 내담자 중심 접근법과 울트라 뎁스® 프로세스의 철학을 이해하고 실천하고 있는 검증된 소수의 전문가 그룹이다.

그들은 최소, 상담필드에서 활동하며 이 체계를 적용하고 있는 현역의 KMH 최면 상담사이거나 최면 트레이너 레벨 이상으로 구성된 깊이와 전문성을 겸비한 전문가 그룹이다.

이 책의 상담사례에 등장하는 'KMH 전문가 그룹'의 전문가들이 사용하는 최면상담 기법들은 과거 한국에서 일반적으로 알려지거나 사용되고 있는 최면상담이나 최면기법과는 다르다. 비록 스토리에 중점을 둔 본문의 내용에 충분히 드러나지는 않겠지만 여기서 활용된 기법들은 구체적이고 세부적이며 종합적인 구조를 갖고 있다.

이 책에서 저자를 제외하고 주요 사례들을 제공한 'KMH 전문가 그룹' 소속의 전문가들은 다음과 같다.

먼저, KMH(한국 현대최면 마스터 스쿨) 최면 트레이너이자 동시에 ABH(미국 최면치료 협회)의 최면 트레이너이기도 한 이영현 트레이너는 '정화와 소통'이라는 그녀의 시그니처 강의를 통해 이미 많은 사람에게 알려진 강사이기도 하다.

또한 호오포노포노와 정화와 소통에 대한 많은 영감적인 책들『내 인생의 호오포노포노』, 『내 인생의 날개를 펼쳐라』, 『내 아이를 위한 정화』, 『나는 왜 호오포노포노가 안 되는 걸까?』의 저자로서도 대중들에게 알려져 있다.

이영현 트레이너는 한국에 울트라 뎁스® 프로세스가 도입되는 과정에서 저자가 3세대 최면 패러다임과 잠재의식에 대한 본질을 이해하는데 크게 도움을 줌으로써 울트라 뎁스® 코리아의 창립에 크게 이바지했다. 이영현 트레이너는 최면 트레이너로서, 최면 상담사로서 발군의 기량을 갖추고 있으며 '정화와 소통' 세션에 관한 자신만의 독자적인 프로토콜을 갖고 있다.

김진하, 김지희 상담사 선생님은 내담자 중심 최면분석과 파츠 테라피 등의 내담자 중심 접근법과 울트라 뎁스® 프로세스에 이르기까지 체계적인 절차들을 익히고 해당 접근법의 국제적인 관리기구들로부터 공인된 퍼실리테이터로 인증받은 전문가이다.

이들은 최면과 최면상담을 자기 자신과 타인에게 적용하여 뛰어난 결과들을 만들어내고 있으며 까다로운 KMH의 상담사 인증을 통과한 'KMH 전문가 그룹'의 일원이다. 김진하, 김지희 상담사 선생님은 현재 한국 현대최면 마스터 스쿨 부속 KMH 최면상담 센터에서 직업적인 상담활동을 행하고 있다.

김진하 상담사 선생님의 경우 최면 이전에 심리상담 전문가로서 전통적인 상담사 활동을 해오다 최면상담의 강력함을 경험한 이후로 현재 최면상담을 그의 주요 상담기법으로 사용하고 있다.

　권동현 마스터 최면 트레이너는 저자와 함께 전 세계 단 두 명의 울트라 뎁스® 헤드 에듀케이터 중 한 명이며, 동시에 한국인 최초의 파츠 테라피 트레이너로서 내담자 중심 접근법과 울트라 뎁스® 프로세스를 한국에 도입하는데 크게 기여하였다. 그뿐만 아니라 IACT(국제 상담사 & 치료사 협회)의 마스터 최면 트레이너인 동시에 ABH(미국 최면치료 협회)의 최면 트레이너이기도 하다.

　그녀는 국내외를 통틀어 저자가 인정하는 소수의 가장 뛰어난 최면상담사 중 한 명이며, 십수 년 동안 수천 명 이상의 내담자들에게 KMH 종합상담 프로그램을 적용하여 결과를 만들어낸 무수한 상담사례를 보유하고 있다. 현재 '한국 현대최면 마스터 스쿨의 부산지부'이자 자매센터인 '부산 현대최면-EFT 센터'를 이끌고 있다.

　이 책에서 등장하는 최면상담 사례들은 전문적인 체계 아래에서 구조적으로 진행된 상담들이다. 어쩌면 이러한 사례들이 그동안 대중들이 매체를 통해 흔히 접하거나 들었던 최면 사례들과는 다소 다른 과정이나 결과를 보여줄지도 모른다.

　이 사례들은 최면분석에 대한 이해 없이 무분별하게 시행되는 '부적절한 리딩(유도 암시)'으로 작화를 유도하는 등의 형식은 사용되지 않았다. 단순히 문제에 대한 직접암시를 반복하거나 유도자가 작위적으로 리프레이밍을 하는 개입형식 또한 사용되지 않았다.

대신 21세기 최면상담의 미래라고 불리는 내담자 중심 파츠 테라피 또는 최면분석과 용서 테라피, 변형된 파츠 워크들, EFT 및 기타 여러 가지 다양하고 구체적인 기법들을 구조적인 기반 아래에서 종합적이고 체계적으로 적용하였다.

다만, 동일한 체계와 접근법을 공유하더라도 각 상담사의 개별적 성향과 선호 스타일이 존재하므로 그 차이를 존중하기 위해 이 책에서는 사례별로 서술하는 문체의 변화가 있더라도 가급적 각 사례의 문체와 표현을 큰 변형 없이 옮겼다.

최면상담은 신중하게 계획된 조직적인 과정이어야 한다. 기본을 갖춘 토대 위에서 적용하는 유연함과 토대 없는 유연함은 다른 것이다. 최면상담 과정에서 상담사의 직관은 항상 중요하다. 그러나 토대 없는 유연함을 직관이라는 말로 포장한다면 실상 그것은 진짜 직관이 아닌 그저 아무렇게나 즉흥적으로 진행되는 것과 다를 바가 없다.

이 책에 등장하는 내담자들의 사례는 특별한 사람들의 이야기가 아니다. 이들은 바로 나의 이웃 또는 나 자신에게도 일어날 수 있는 이야기들이다.

모든 내담자의 사례는 개인의 프라이버시를 보호하기 위해 이름과 직업을 비롯한 모든 구체적인 인적사항들에 대한 묘사와 사건 내용들 중 특수하고 개인적인 항목들은 일부분 수정되고 각색된 부분임을 밝힌다. 그러나 사건의 맥락 및 상담회기, 그 주요 내용은 모두 실제 상담 기록을 바탕으로 한 실제 사례들이다. 또한 사례의 대부분은 책에서 표현된 것보다 더욱 수위가 높고 충격적일 수 있어 오히려 실제보다 수위를 줄인 묘사가 있을 수 있다. 이 책의 목적이 최면상담의 사례를 통해 최면상담이 가진 힘과 그 가능성을 엿보는 것인 만큼 그 세부적인 과정들과 중간결과, 최종결과 등의 내용은 철저하게 실제로 구체적인 피드백이 있었던 내담자의 사례들에 기반을 둔 내용임을 다시 한번 강조한다.

또한 이 사례들에 적용된 기법들은 일시적인 결과나 재발의 문제를 남길 수 있는 단순 직접암시 기법이나 결과중심을 지향하는 접근들이 아니다.

여기서 소개하는 상담은 대부분 근본원인을 밝히는 종합적이고 구조적인 최면상담 사례이다. EFT나 NLP 등의 유사도구들이 사용될 경우 상담사의 판단에 따라 필요한 경우에만 원인중심의 맥락 아래 적절한 원칙에 따라 보조적이며 부분적으로 활용되었다.

그리고 원인을 밝히는 상담과정에서 부적절한 리딩(유도암시)이 사용된 사례가(상담사의 실수일지라도) 하나라도 있다면 사례검토 과정에서 제외했다.

따라서 이 책의 사례에는 원인을 찾는 과정에서 부적절한 리딩으로 전생을 작화시키거나 빙의 캐릭터를 유발하는 등의 행위는 없다.

또한 상담 종료 후 해당 내담자로부터 피드백을 받을 수 있었던 사례들만을 담았으며 내담자의 피드백이 없거나 불분명한 사례 역시 제외되었다. 무소식이 희소식이기에 내담자로부터 연락이 없으므로 좋아졌을 것이라는 식의 모호한 사례 또한 배제되었다.

이 책에 담은 사례들은 'KMH 전문가 그룹'이 경험한 수많은 사례의 극히 일부분의 사례일 뿐이다. 그럼에도 불구하고 이런 사례들을 통해 독자들은 우리의 무의식이 한 사람의 삶과 인생의 길에 얼마나 큰 영향력을 미치고 있는지, 그리고 그 치유의 과정에 대한 가능성과 힌트를 엿보기에 충분할 것이다.

또한 최면상담에 관심 있는 이들은 깊이와 체계를 기반으로 종합적인 최면상담의 고급기법을 활용한 접근과 주먹구구식의 단순 적용이 내담자의 영구적인 변화에 있어 얼마나 다르게 작용하는지에 대해 인식할 수 있을 것이다.

모쪼록 이 책이 21세기의 고급 최면상담의 일면을 알리는 데 도움이 되었으면 한다. 소중한 기록들이 책으로 나올 수 있도록 참여해 주신 'KMH 전문가 그룹'의 김진하, 김지희, 권동현, 이영현 선생님께 감사의 말을 전한다.

2020년 **문 동 규**

울트라 뎁스® 헤드 에듀케이터 | ABH 최면 마스터 트레이너
파츠 테라피 트레이너 | 메즈머리스-머스® 트레이너
울트라 뎁스® 한국/아시아 공동 지부장 | 한국 현대최면 마스터 스쿨 원장

CONTENTS

PART 1

단순 주제의
최면상담

———

여기서 말하는 '단순 주제'는 결코 해당 문제로 인한 내담자의 고통이 적거나 가볍기 때문이어서가 아니다. 이것은 최면 상담사의 입장에서 문제의 구조가 복잡한 사례들에 비해 비교적 단순한 구조나 양상을 가졌거나 단일한 원인을 가진 사례들을 지칭하는 것이다.

이 장에서 소개하는 사례 대부분은 3시간 1회기 단위기준으로 1~3회기 이내에 종결된, 특정한 상황에서 특정한 반응을 보이는 비교적 단순한 구조를 가지고 있다.

개에 대한 극도의 공포와
동물에 대한 거부감

문동규
한국 현대최면 마스터 스쿨 서울센터

인간의 대처 행동은 제각각이고 그것을 인식하는 것 또한 저마다의 방식을 지닌다. 동일한 사건을 겪더라도 그 과정에서 누군가에게는 무의식 깊이 트라우마로 각인될 수도 있고, 누군가에게는 가벼이 웃어넘기는 해프닝으로 남기도 한다.

일반적으로 특정한 상황이나 대상에 과잉반응을 보이는 공포반응은 과거의 기억이나 경험에서 기인하는 경우가 많다. 그리고 이런 사례들은 원인을 찾는 최면상담으로 손쉽게 도움을 받을 수 있는 대표적인 사례 중 하나이다.

그러나 겉보기에 동일한 문제나 증상으로 보이더라도 실제 그 내부를 들여다보았을 때 드러나는 문제의 구조는 동일하지 않을 수 있다.

해당 사례자의 경우 문제의 세부적인 양상과 구조가 일반적인 공포 반응의 것보다 더욱 복잡해서 최소 2~3회기의 상담이 필요한 내담자였지만, 사정상 시간적 여유가 없어 예정된 상담시간을 초과해서 1회기 만에 마무리된 사례이다.

미영(가명) 씨는 30대의 여성으로 개나 강아지에 대해 극도의 두려움을 갖고 있었다.

미영 씨는 자신의 일화 하나를 들려주었다. 미영 씨가 고등학생이었던 어느 날, 여느 때와 같이 집으로 올라가기 위해 자신의 아파트 1층에서 엘리베이터를 기다리며 서 있었다고 한다. 엘리베이터가 도착했고 한 주민이 목줄을 착용한 작은 강아지 한 마리와 내릴 준비를 하는 모습을 목격했다. 그 찰나의 순간, 그녀는 그 자리에서 극도의 공포감에 사로잡혀 자기도 모르게 "꺄~~아~~악!!!"하며 아파트가 떠나갈 듯한 목소리로 날카로운 비명을 질렀다고 한다. 너무나 크게 소리를 지른 나머지 오히려 강아지가 놀라서 경기를 일으키며 허둥지둥 도망가다가 엘리베이터 안의 네 군데 벽에 돌아가며 머리를 쾅, 쾅, 쾅, 쾅! 큰 소리를 내며 부딪칠 정도였다. 미영 씨는 강아지를 보는 순간 몸이 굳을 정도의 소름이 돋았다고 했다.

이런 문제들을 다룰 때 사전 인터뷰에서 구체적인 정보를 모으는 것이 중요하다. 그러나 이것은 단지 정확한 트리거(자극 단서)를 파악하는 것일 뿐, 무의식을 다루는 최면분석에서 최면 상담사는 결코 내담자가 의식적으로 추측하고 있는 원인을 믿어서는 안 되며, 최면 상담사 자신이 그 원인을 추측하는 것 또한 금물이다.

그녀가 가장 두려워하는 것은 개가 자신에게 달려들어 공격하지 않을까 하는 두려움이었다.

그런데 미영 씨가 호소하는 또 하나의 문제가 있었는데, 그것은 바로 개뿐만 아니라 고양이, 심지어 병아리와 같은 작은 동물들까지도 꿈틀거리는 그 느낌이 너무 싫어 만질 수조차 없다는 것이었다. 이것은 눈여겨보아야 할 중요한 신호이다.

예비절차를 거쳐 순조롭게 간단한 최면유도가 진행되었고 컨빈서와 테스트를 거쳐 깊은 상태의 초입정도를 확보했음을 확인했다. 다행히 역행 테라피가 순조롭게 진행되었고 미영 씨는 몇몇 개와 연관된 부정적 경험들을 거쳐 ISE(최초 사건)로 추정되는 7살의 경험으로 되돌아갔다. 그리고 적절한 추가적인 확인절차를 통해 이것을 ISE로 잠정 확정했다.

7살의 미영은 친구와 헤어지고 집으로 오는 길에 어느 주택의 넓고 멋진 마당에 이끌려 열려있는 대문 안으로 들어갔다. 그곳에서 미영은 큰 개의 목줄을 잡고 서 있는 무섭게 생긴 할아버지와 마주했다. 할아버지는 아이에게 장난스럽게 "여기 왜 들어왔니?" 하며 목줄을 끌어당겨 가만히 있는 개를 자극하기 시작했다. 이윽고 개가 심하게 짖기 시작했고 7살 미영은 너무나 겁에 질린 나머지 옷에 소변을 지릴 지경이었다.

그런데 그 순간, 상담을 받던 미영 씨는 갑자기 화장실을 가고 싶다며 각성시켜달라고 말했다.

잠시 최면을 중단하고 화장실에 다녀온 미영 씨는 앞서 떠올린 몇몇 경험들은 의식적인 기억 속에 있던 것이었지만, 조금 전 경험한 7살 때의 그 사건은 평소 기억하지 못했던 것이라며 신기해했다. 그리고 마치 실제로 그 장소에 있는 것처럼 두려운 감정과 소변이 나오려고 하는 느낌이 상담을 받고 있는 의자에서 동일하게 느껴졌다고 말했다.

깊이를 확보하고 진행하는 역행 테라피는 단지 과거 기억을 회상하는 작업이 아니다. 최면에서의 중요 점은 그 순간을 마치 다시 돌아간 것처럼 재경험하는 것이다. 따라서 아이인 미영이 소변을 참았던 그 생리적인 몸의 반응이 현재 어른인 미영 씨의 몸에 그대로 재현된 것이다.

간단히 재최면이 시작되었고 미영 씨는 다시 7살로 돌아갔다. 재미있는 점은 화장실에 다녀온 이후, 곧장 동일한 경험으로 돌아갔지만, 이전과는 달리 화장실과 관련한 두려움의 감정이 사라져 버렸다는 것이다. 그리고 본격적으로 추가적인 몇 가지 기법을 적용해 해당 경험에서 할아버지가 목줄을 놓을 것이라는 당시의 오해와 부정적인 감정들을 해소시켰다.

그런데 이 과정에서 그녀의 문제에 영향을 주는 다중 ISE가 드러났다. 앞서 저자가 이 사례를 일반적 공포반응보다 복잡성을 가진다고 말한 이유이다. 만약 이 부분을 놓쳤다면 이 내담자의 부정적인 반응은 깔끔하게 사라지지 않고 찜찜하게 유지되었을 가능성이 크다.

따라서 최면 상담사가 문제의 구조에 대해 이해하는 것은 원인을 찾는 작업에서 중요하다.

그것은 바로 미영 씨가 가진 두 번째 문제인, 꿈틀거리는 모든 동물에 대해 가지고 있는 부정적 느낌과 연관된 것이었다. 이것은 비슷한 시기에 형성된 또 다른 측면의 문제였고 미영 씨의 개 공포증과도 연결되어 있었다.

7살의 미영은 아이들과 술래잡기를 하며 숨을 장소를 찾기 위해 뛰어다니고 있었다. 급히 현관문을 열며 숨을 장소를 찾아 실내로 뛰어들어 가는데 갑자기 뭔가 문틈에 끼이는 느낌과 함께 '픽' 하며 터지는 듯한 소리가 났다. 그것이 무엇인지 확인한 미영의 몸은 순간 얼어붙은 듯했다. 미영이 집에서 사랑스럽게 키우던 병아리가 죽어 있었던 것이다. 자신이 황급히 열었던 문에 병아리가 끼었던 것이었다.

그 모습이 너무 징그럽고, 소름 끼치고, 보기 싫었지만 다른 한편으론 병아리가 불쌍해서 너무너무 미안하고 안쓰러웠다. 자신이 병아리를 죽였다는 죄책감까지 들어 어린 미영은 그저 울고 싶은 마음뿐이었다.

이후 미영 씨는 나이가 들고 성장해가며 이 경험 역시 의식 아래로 망각시켜 버렸다. 그러나 그녀의 무의식은 그 당시의 감정과 그 소름 끼치는 느낌을 그대로 저장하고 있었다. 그래서 어떤 동물을 만지려고 하면 의식적으로는 영문도 모른 채 무의식에서 올라오는 부정적인 느낌에 자동으로 휩싸이게 되는 것이었다.

이런 느낌들이 문제에 직접 연결되어 있는 만큼 이것을 정교하게 처리하는 것이 중요하다. 당시의 느낌과 감정을 해소하는 작업들에 덧붙여 병아리에 대한 죄책감을 해소하기 위한 절차들을 진행했다. 이런 종류의 작업은 결코 내담자에게 섣불리 강요되거나 작위적으로 진행되어서는 안 된다. 특히 이 책의 뒤에 소개할 사례들처럼 깊고 극심한 문제의 경우 더더욱 주의해야 한다.

마침내 미영 씨는 무엇을 잡고 있는지도 모른 채 무의식적으로 붙잡고 있었던 어린 시절의 병아리를 마음에서 놓아줄 수 있었다.

사실 이런 종류의 죄책감을 해소하는 작업은 꼭 동물에 대한 부정적인 느낌을 없애기 위해서 뿐만 아니라 미영 씨의 인생 차원에서도 매우 의미 있는 작업일 수 있다. 왜냐하면 그것은 이 사람의 인생에서 무의식적으로 발현되어온 것이고 어떤 식으로든 미영 씨의 삶에서 동물 외의 것에 또 다른 종류의 영향력을 주어왔을지도 모르기 때문이다.

그런 일들을 겪었고 그런 일을 하려고 결심했던 무의식 속의 자기 자신과도 대면하며 충분한 이해와 용서가 이루어졌다. 이것은 25년간 내버려두었던 자신의 모습이었다.

추가로 몇 가지 구체적이고 사소한 양상들을 완전히 제거한 뒤, 미영 씨를 미래로 안내했다. 그녀는 가까운 미래에 산 위에서 편안하게 강아지를 쓰다듬고 있는 자신의 모습을 떠올렸다. 이것은 최면 상담사가 만들어준 작위적인 이미지가 아니라 치유가 끝난 그녀의 내면에서 자발적으로 올려 준 이미지였다.

상담을 마치고 최면에서 돌아 나온 미영 씨는 어린 시절의 병아리 사건 또한 그동안 생각지도 못했고 까맣게 잊고 있었던 사건이라며 신기해했다. 그리고 이렇게 진행된 마음속 변화의 체험이 실제 현실에서 이어질 수 있을지 궁금해했다.

다른 주제와 지면상 글에서 언급 못 한 잔여 양상이 많아 꼼꼼한 작업을 위해 더 많은 시간을 할애했기에 원래 예정되어 있던 2시간을 넘겨 3시간 가까이 진행된 세션이었다.

4개월이 지난 이후 미영 씨는 전화로 반가운 피드백을 주었다. 그녀의 말에 의하면 그날 상담을 받은 직후 거리로 나갔을 때, 지나가는 행인이 목줄을 착용한 4마리의 개를 데리고 자신의 옆을 스쳐 지나쳤다고 한다. 4마리의 개가 실제로 다리에 부딪히기도 하고 그 사이로 지나가기도 했지만 신기하게도 그 느낌이 정말 아무렇지도 않게 느껴졌다고 했다.

최면상담에 대해 한 가지 팁을 언급한다면, 이러한 공포반응 세션을 마무리한 직후 실제 그 공포의 대상을 접하게 하는 것은 내담자에게 매우 긍정적으로 작용한다. 내담자의 과거 경험은 지워졌고 이제 현실 속에서 변화된 새로운 경험을 시작하는 것을 확신할 수 있기 때문이다.

그리고 한 가지 더 재미있는 일이 있었다. 상담이 있었던 다음날, 미영 씨는 친구와 함께 시내에 나갔다가 구경삼아 애견 숍을 방문했다. 그리고는 귀여운 새끼 말티즈 한 마리를 그 자리에서 바로 분양받아 집으로 안고 들어왔다.

과거의 미영 씨를 잘 아는 가족들은 이 모습을 보고 하나같이 소스라치게 놀랐다고 한다. 평소의 미영 씨는 강아지 한 마리가 실내에 있으면, 자신이 지를 수 있는 최대한의 비명을 지르며 그 방에서 제일 높은 가구 위로 미친 듯이 뛰어 올라갔기 때문이다.

그녀는 어리둥절해 하는 가족들과 함께 4개월째 강아지와 즐거운 시간을 보내고 있다며 자신의 이런 모습이 너무나 신기하다고 말했다.

미영 씨의 경우 이렇게 1회기만으로 완벽한 결과가 나왔지만, 같은 문제로 왔던 은지 씨의 경우는 좀 달랐다. 20대의 은지 씨는 미영 씨 못지않게 개에 대한 극도의 공포감을 가지고 있었지만, 고객의 집에 방문하는 일이 많은 직업의 특성상 반려견을 키우는 집에 들어가야 할 때가 있었고, 그때마다 은지 씨가 느끼는 그 고통은 이만저만한 것이 아니었다. 이 문제로 인해 이 일을 계속할 수 있을지 심각하게 고민해야 할 정도였다.

특이한 것은 함께 내담한 은지 씨의 어머니, 오빠 모두 극심한 개 공포를 갖고 있었으며, 가족 모두는 이것이 유전이라고 생각하고 있었다. 따라서 만약 상담이 잘되어 은지 씨의 개 공포가 사라지더라도 절대 집에서 개를 키우자는 말을 하지 않겠다고 어머니와 은지 씨 간에 단단히 약속하고 나서야 상담이 진행되었다.

미영 씨와 마찬가지로 1회기에서 최면분석을 위한 역행 테라피가 진행되었고 모든 작업이 잘 마무리되었다. 그런데 일주일 후 방문한 은지 씨는 스스로가 세션이 잘 되었는지 의식적으로 확신을 갖고 있지 못했다.

분명 이전 상담은 ISE를 검증하여 성공적으로 마무리되었는데, 이상한 생각에 두 번째 회기에서는 일차적인 원인이 잘 해소되었는지 간단한 확인 작업만을 거쳤고 이전 작업에 큰 문제가 없다는 결론을 내렸다. 나는 은지 씨에게 더 이상 개에 관한 공포는 남아 있지 않다고 확신했다.

상담시간이 남은 관계로 나는 은지 씨와 함께 상담센터 인근에 있는 애견 숍에 직접 동행하여 방문하기로 했다. 애견 숍 직원분께 양해를 구한 뒤 머뭇거리는 그녀의 양손 위에 가장 어린 강아지 한 마리를 조심스레 올려놓았다.

은지 씨는 연신 머뭇거리며 "어머, 어떻게 해~"라고 말하며 어쩔 줄을 몰라 했다. 나는 그녀에게 "잘 보세요. 이 감정이 무서운 감정인가요?"라고 물었고, 은지 씨는 "무서운 건 아니에요…. 그런데 어딜 잡아야 할지도 모르겠고…. 너무 낯설어서요…."라고 말했다.

바로 그것이었다. 그녀의 공포는 이미 지난 회기에서 제거되었다.

그러나 은지 씨의 경우 어린 시절부터 가족 모두가 '개'라는 동물 자체를 극도로 기피했기에 이렇게 가까이서 강아지를 만져보거나 접해볼 기회 자체가 없었던 것이다.

이제 이것은 두려움이나 무서움이 아니라 단지 경험해본 적 없는 낯선 행동일 뿐이었다. 이것은 새로운 학습의 영역이다.

은지 씨는 계속된 감탄사와 함께 신기해하며 연신 강아지를 어떤 자세로 안아야 하냐고 나에게 물어보았다. 그리고 이내 강아지란 동물에 대해 적응했고, 좀 더 큰 개들을 차례대로 안아보고 만져보며 결국 그 애견 숍 안의 개 대부분을 만지고 안아보았다. 그리고 은지 씨는 이제 자신에게 개라는 동물이 더 이상 무서움의 대상이 아니라 친구가 될 수 있다는 확신을 가지고 애견 숍을 나섰다.

공포증의 경우 위와 같은 접근이 아닌 간단하게 적용할 수 있는 해결

중심의 기법을 적용했을 때, 때때로 더욱 짧은 시간에 심지어 몇 분 만에도 매우 빠른 효과가 일어날 수도 있다. 이러한 작업들은 단순히 내면의 이미지를 직접적으로 희석시키거나 중화시키는 방식이 주로 사용된다.

그러나 그런 적용들은 문제의 근본적인 원인을 다루는 작업이 아니므로, 일정 기간 이후 재발할 수 있는 가능성이 크다. 또한 문제의 뿌리가 깊고 강하게 작용하는 경우 그런 종류의 기법 자체가 작동하지 않는 경우도 드물지 않다.

따라서 'KMH 전문가 그룹'에서는 내담자와의 실제 상담상황에서 가급적 근본 원인을 다루는 기법을 적용 우선순위로 두도록 훈련하며, 결과 중심의 기법들은 필요한 경우에 주기법이 아닌 보조적인 기법으로서 제한적으로 활용된다.

남편을
믿고 싶어요!

문동규
한국 현대최면 마스터 스쿨 서울센터

우리는 이성적인 머리로 생각하는 것과 무의식에서 올라오는 가슴속 감정, 느낌 간에 괴리가 있는 경우를 살아가며 종종 경험하게 된다. 그런 데 이런 상황에서 늘 승자는 가슴인 경우가 많다. 여기, 그런 문제로 인 해 생활이 불가능할 정도의 어려움을 겪고 있는 순애 씨의 사례를 보자.

30대 후반의 순애(가명) 씨는 남편과 두 아이를 둔 평범한 전업주부 이다. 남편도 매우 착실한 사람이고 가정적이며 수입도 괜찮은 편이다. 누가 보아도 화목한 가족처럼 보이는 그런 순애 씨에게도 말 못 할 고민이 하나 있었다.

그것은 바로 시시각각 올라오는 남편에 대한 불신과 의심이었다. 순애 씨는 자신의 그런 문제가 소위 말하는 의부증처럼 병적이지는 않다고 말했다. 그도 그럴 것이 2년쯤 전 남편이 업무로 만난 어떤 여성과 가벼운 오해를 살 뻔한 사건이 있었다고 했다. 물론 그 일은 더 발전되지 않고 마무리되어 잘 넘어갔고, 남편은 지금까지 여전히 바르고 가정에 충실한 사람이다.

그런데 문제는 그 일이 벌어진 이후 자꾸만 마음속에서 남편에 대한 누를 수 없는 의심이 올라오는 것이었다. 의식적으로는 남편을 너무 믿고 싶고, 그때의 일 또한 가벼운 해프닝이었을 뿐 큰일이 아니었단 사실을 누구보다 잘 알고 있었다. 그러나 이런 머리의 생각과는 달리 가슴에서는 자꾸만 의심이 올라와서 이제는 정상적인 생활을 지속하기가 힘들 지경이라고 했다.

순애 씨의 목표는 가슴에서 올라오는 이성적이지 않은 이 의심을 사라지게 하고 남편과의 관계를 회복하는 것이었다.

순애 씨와의 최면 사전면담에서 파츠 테라피(Parts Therapy)를 사용하기로 결정했고, 관련 절차를 진행했다. 5분 이내의 짧은 급속유도가 진행되었고 그녀는 나의 유도를 잘 이해하고 순조롭게 따라주었다.

충분한 깊이를 확보한 최면상태에서 나는 순애 씨의 내면에서 남편을 의심하게 하는 역할과 연관된 파트(Part, 분야 : 마음의 한 부분)를 불러냈고, 그렇게 드러난 마음의 파트는 자신이 순애 씨의 내면에서 남편을 의심하게 하는 역할을 담당하고 있으며 자신을 '의심 파트'라고 불러달라고 말했다.

의심 파트와 간단한 대화를 나누는 동안 이 의심 파트는 자신이 이 일을 하게 된 계기가 있으며 그것이 초등학생 때라고 말했다.

사실 남편에 대한 의심은 2년 전부터 생긴 문제이다. 그런데 이 파트가 초등학생 시절에 이 일을 시작했다고 하니 독자들은 의아하게 여길지도 모른다.

체계적으로 훈련되지 않은 최면가들의 많은 실수는 문제 증상의 발현 시기에만 집중하는 것이다. 사실 최면분석에서 파악하는 ISE(최초 사건)는 문제의 씨앗을 찾는 것이고 이것은 대단히 중요하다. 그래서 이런 상담에서 내담자가 가진 문제의 구조를 파악하고 이해하는 것은 필수적인 것이다.

이 파트는 별도의 지시 없이 자발적으로 나이를 역행하여 초등학교 3학년 때의 경험으로 돌아갔다. 곧바로 역행 테라피 형식으로 전환되었고, 3학년인 순애는 어린 동생과 함께 거실에서 아빠와 함께 있었다.

아빠가 누군가와 통화하는 동안 어린 순애는 동생과 함께 놀고 있었다. 그런데 아빠가 통화하는 수화기 속에서 울려 퍼지는 그 소리는 옆에 있던 어린 순애의 귀에도 들릴 정도로 크게 들렸다. 수화기 속의 목소리는 어떤 젊은 여성이었고 아빠는 정말 편한 사이처럼 아무렇지 않게 농담을 섞어가며 이야기를 나누고 있었다.

어린 순애 씨의 눈에는 평소 세상에서 가장 믿고 신뢰하던 아빠가 엄마 이외의 여자, 즉 지금 전화 수화기 속 저 여성과 뭔가 부적절한 관계에 있는 것처럼 보였다. 아이의 마음이 그런 줄도 모르고 아빠는 전화 속 여성과 능청스러운 통화를 계속하고 있었다.

결국 남편에 대한 의심의 씨앗은 정작 지금의 남편이 아닌, 초등학생 순애 씨의 오해로 인해 '아빠'라는 대상에 대한 신뢰가 깨어지면서 시작된 것이었고 이후 동일한 일이 남편에게서 반복해서 일어난 것이었다.

원인을 밝히는 것 못지않게 테라피 과정은 중요하다. 내담자 중심 테라피는 결코 이러한 해석을 내담자에게 강요하지 않는다. 적절한 과정들을 통해 어린 순애 씨는 자신이 아빠에게 품었던 의심이 오해에서 비롯된 것임을 스스로 자각하고 통찰했다.

그리고 내면에서 오해로 가득 찼던 아빠를 용서할 수 있었고 그 신뢰를 회복할 수 있었다. 나아가 2년 전 약간의 오해를 일으킬 뻔했던 그 여성과 남편 또한 진심으로 자신의 마음에서 놓아줄 수 있었다.

다시 파츠 테라피로 돌아와 의심 파트는 반대 파트인 신뢰 파트와 쉽게 합의를 이루었고 긍정적인 파트로 역할을 바꾸어 순애 씨의 의식에 재통합되었다. 그녀의 모든 파트들은 이것에 동의했고 순애 씨는 남편을 신뢰 가득한 눈으로 바라보며 가정생활을 해나가고 있는 미래의 자신의 모습을 자발적으로 떠올렸다.

상담이 종료된 이후 최면에서 돌아 나온 순애 씨는 너무나 편안한 표정이었고, 자신의 내면에서 어린 시절의 작은 오해가 현재의 남편에게 덧씌워져 있었던 사실에 무척 놀라워했다.

일주일이 지난 후 추가적인 상담을 진행하기 위해 통화했을 때, 그녀는 밝은 목소리로 많은 이야기를 했다. 순애 씨는 그날의 작업 이후 더 이상 남편에 대한 자동적인 의심이 올라오지 않았고, 지금은 오히려 남편에 대해 신뢰감이 느껴질 정도라고 말했다. 그녀는 이미 해결되어버린 이 문제에 대해 더 이상 추가적인 상담을 하지 않아도 된다고 말했고 이 상담은 합의하에 단일 회기로 종료되었다.

이렇게 우리의 가슴이 하는 일의 이유를 우리의 머리가 모르는 경우는 너무나 흔하다. 다만 우리의 머리가 그것을 인식하지 못하고 있을 뿐이다.

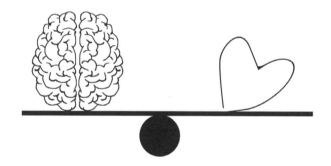

위장의 파업과
20여 년간 지속된 위 무력증

권동현
한국 현대최면 마스터 스쿨 부산센터

이 사례는 일반적으로 흔하게 접하는 사례는 아니지만 매우 극적인 사례로서 자기 자신과의 래포가 우리 몸에 어떻게 작용할 수 있는지, 그리고 그것의 회복이 몸에 미치는 영향력에 대한 가능성을 엿볼 수 있는 좋은 사례라 생각한다.

50대 중반의 박현준(가명) 씨는 위 무력증으로 통증을 호소했다(위 무력증은 위 근육의 수축력이 약해 위가 움직이지 않아 소화가 되지 않으며, 위가 확장되고 탄력을 잃어 위장에 무력증이 생기는 병이다).

의학적인 접근이 필요하므로 병원에 가서 치료받길 권했지만 이미 현준 씨는 다니지 않은 병원이 없을 정도로 오랫동안 다양한 노력을 한 뒤였다. 그는 병원 치료와 함께 보조적으로 위 무력증과 연관된 내면의 감정들을 다룰 수 있는 최면상담을 받기를 희망했다. 그를 무엇보다 힘들게 하는 것은 늘 지속되는 배고픔이었다. 그는 이 문제로 인해 오랫동안 밥을 제대로 먹지 못해 온몸이 바짝 말라 있었다.

30대 중반부터 현준 씨의 위는 거의 활동을 멈춘 상태였고, 그는 이런 자신의 위 상태에 많이 힘들어했다. 현준 씨는 그동안 이 문제로 대학병원, 한의원 심지어 정신과와 심리상담, 다양한 심리치료 집단훈련 프로그램 등 안 해본 시도가 없을 정도였다.

그의 직업은 회사원이었지만, 그는 심리를 다루는 측면에도 관심이 많았다. 최면상담에 대해서는 잘 모르지만 그냥 몸과 마음은 연결되어 있으니 연관된 마음의 원인이나 감정들이 발견되면 조금이나마 도움이 되지 않을까 하는 정도의 막연한 생각을 갖고 있었다. 그래서 그는 자신의 심리적인 원인에서 실마리를 얻는 것에 초점을 두고 있었다.

평소 현준 씨가 원하는 것은 딱 한 가지뿐이었다. 그것은 바로 아내가 끓여주는 맛있는 된장찌개에 밥 한 공기를 다 먹고 약을 먹지 않아도 저절로 소화시킬 수 있는 것이었다. 하지만 이 소박한 바람이 그에게는 꿈이 되었다. 20여 년 동안 그는 하루에 한 번, 밥 반 공기를 먹었고, 그것조차도 소화를 시키지 못해 약을 먹으면서 아픔을 참아야만 했다. 아내는 그런 현준 씨에게 매일 밤마다 마사지를 해 주었고, 그는 아내의 사랑과 배려 속에 늘 미안한 마음을 갖고 있었다.

처음 상담실에 온 그는 매우 조심스러워 했다. 마치 '내가 최면상담이란 것을 믿어도 되나…' 하는 것처럼 보였다. 힘들고 답답해서 여기까지 왔지만 다소 의심스럽다는 눈빛과 자세를 취하고 있었다. 그는 팔짱을 끼고 있었고 다소 걱정하며 경계하는 모습이 느껴졌다.

'나는 심리상담도 관심이 있어 나름 공부도 해봤고, 또 여러 곳에서 수많은 상담을 받아봤기에 상담에 대해 충분히 잘 알고 있어. 이곳도 다른 곳과 크게 다르지 않을 거야'라고 느껴지는 그의 비언어적인 자세에 조금은 당황스러웠다.

현준 씨는 최면상담을 받으러 오긴 했지만, 최면이라는 것에 대해 뭔가 단단히 오해를 갖고 있는 것이 분명해 보였다.

그래서 최면은 '걸고 걸리는 것이 아니라는 점'과 그가 가지고 있는 '최면에 대한 오해'에 대해 하나씩 차근차근 설명해 주었다. 다행히도 현준 씨는 그런 설명을 빠르게 이해했다. 그리고 이야기를 나누면서 그의 자존감과 자아상이 좋지 않으며, 내면에 화와 분노의 감정이 많이 누적되어 있다는 것을 알 수 있었다.

그래서 자기용서를 통한 자기 자신과의 관계를 회복하는 작업을 할 수 있도록 첫 상담의 목표를 잡았다. 이어서 현준 씨가 허용할 수 있는 만큼 편안하게 최대한의 최면적 깊이를 확보할 수 있도록 천천히 유도

하기 시작했다.

파츠 테라피라는 접근을 적용하고 싶었지만 이것은 일반적으로 첫 번째 세션에서는 적용하지 않는 기법이므로, 그가 편안하게 느낄 수 있도록 간략한 역행 작업이 포함된 파츠 테라피의 변형된 형식인 신체화 파츠 워크를 진행했다.

참고로 파츠 테라피라는 접근은 내면의 갈등하고 있는 마음들과 소통하고 중재과정을 거쳐 자기화해와 자기용서에 도달하는 과정이 포함된다. 현준 씨의 문제가 신체적인 증상을 동반하고 있는 만큼 우선 이러한 소통작업에 중점을 두고 내담자 중심 접근의 원칙들이 충분히 고려된 방식으로 세션을 시작했다.

먼저, 마음의 눈으로 몸속을 투시하며 들여다보는 바디스캔의 형식을 응용하여 현준 씨 내면에서 표현되는 신체 파트들의 충돌하고 있는 감정들을 하나씩 해소하기 시작했다. 최면상태에서 표현하는 신체의 각 부분은 대부분 모두 부정적으로 자신의 감정을 표출했다. 그리고 위장 부위를 스캔했을 때, 위의 모습을 한 에고 파트가 현준 씨를 향해 부정적인 이야기들을 쏟아내기 시작했다.

위장은 현준 씨를 향해 말하기 시작했고 그 내용을 요약하면 다음과 같았다. 자신은 엄마 뱃속에 임신 될 때부터 예민하게 만들어졌고, 늘 아파서 울고 있었다. 위의 통증은 그가 15살이 되던 중학생 시절부터 본격적으로 시작되었다. 학교 가는 날 아침에 급하게 샌드위치를 먹었고 그 속에 들어 있는 달걀을 먹고 체해 그날 위는 하루 종일 고통을 받아야 했다.

또 고등학교 시절의 어느 날, 친척 할머니 환갑잔치에 가서 급하게 많은 음식을 먹었고 그 날 저녁부터 체하고 통증을 느껴 며칠 동안 병원을 다니면서 고생하기도 했다. 위는 나름대로 계속해서 현준 씨에게 자신이 힘들다고 호소했지만, 그는 위의 이야기에 귀 기울이지 않았다고 했다. 그러면서 위는 점점 더 예민해져만 갔다.

그때부터 조금만 과하게 음식을 섭취하게 되면 배가 아프기 시작했고 수시로 체하는 증상이 나타나기 시작했다. 위의 입장에서는 나름 적극적으로 현준 씨에게 자기 의사를 표현하기 시작한 것이다.

30대 중반의 어느 날, 음식을 잘못 먹고 또 한 번 위장에 경련이 일어나게 되었다. 위는 그날부터 완전한 파업을 선언했다. 위는 자신도 너무나 고통스럽고 힘들지만, 현준 씨가 자신이 주는 조언에는 전혀 귀 기울이지 않기 때문에 파업할 수밖에 없었다고 말했다. 위장은 점점 죽어가고 있으며 더 이상 그의 위장으로써의 역할을 할 수 없다고 말했다.

위장이 원래 맡은 역할은, 음식을 소화시키고, 잘게 부수면서 아래로 내려보내고, 위가 잘 움직이도록 하는 일과 함께, 포만감을 느끼게 하는 일이라고 말했다. 과거에는 원래의 역할을 열심히 했지만 지금은 그 모든 것들을 전혀 할 수 없다고 했다. 그 이유는 뭐든지 급하게 하는 현준 씨의 나쁜 습관 때문이라고 했다.

어릴 때부터 몇 번의 통증으로 위가 그에게 적극적으로 의사 표현을 했지만 그는 들어주지 않았다고 하소연했다.

그런 위는 구체적인 요구 사항을 말했다. 성격이 급한 현준 씨에게 문제가 있으니, 모든 것들을 천천히 할 수 있도록 희망했다. 밥을 먹을 때도 꼭꼭 씹어서 천천히 먹을 것, 생각할 때에도 느긋하게 천천히 할 것, 길을 걸을 때에도 천천히 걸을 것, 남들과 이야기할 때에도 천천히 정리해서 말할 것, 일할 때도 천천히 꼼꼼하게 할 것, 그리고 매사에 여유를 가지고 모든 것을 천천히 즐기면서 하길 원했다.

왜냐하면 그는 평소 언제나 급하게 움직이고 늘 스트레스받으며 일을 한다는 것이었다. 스트레스는 위에 좋지 않다고 했다. 그리고 위장은 그 스트레스로 인해 늘 긴장되면서 힘들고 많이 아프다고 했다. 이렇게 위가 고통 받고 있는 것을 그가 알아주길 원했으며, 위장에 더욱더 신경 써주길 원했다. 그러면서 위는 현준 씨에게 이런 말도 덧붙였다.

"나 때문에 힘들어하는 너를 보니 마음이 안쓰럽고 불쌍해서 도와주고 싶지만, 지금 나 역시 죽어가고 있기 때문에 어떻게 도와줄 방법이 없어."

위의 이런 요구 사항을 들은 현준 씨는 상담실이 떠나가도록 울부짖으며 고함을 질렀다.

"어떻게 나한테 이렇게까지 할 수 있어!"

그는 눈물을 쏟으며 위장에 분노를 토해냈다. 자신은 여러 가지 치료를 다 받을 만큼 충분히 노력했는데도 불구하고 20년 동안 계속해서 아프니 차라리 죽고 싶다고 했다. 밤마다 아내에게 마사지 받을 때 죄스럽고, 아내를 괴롭히는 것 같아 죽는 게 낫다고 했다. 병원에서 치료받을 때마다 고통이 너무 커서 살고 싶지 않았다고 소리 지르며 울분을 토해냈다. 마치 그는 20년 동안 힘들었던 통증에 대한 화와 분노를 위장에게 다 퍼붓는 것같이 보였다.

위는 이렇게 화를 내는 그에게 미안하다고 사과했다. 하지만 현준 씨가 변하지 않으면 위도 도와줄 방법이 없다고 했다. 이후 위와 현준 씨는 한참 동안 이야기를 나누었고, 이야기 끝에 그동안 묵혀두었던 감정들이 해소되었다. 그리고 적절한 중재가 이루어지고 나서야 결국 그는 위가 말한 요구 사항들을 받아들이고 이행하겠다고 약속했다.

위 역시 앞으로 그가 자신의 요구 사항들만 잘 지켜준다면 그를 도와서 건강한 위장으로써의 역할을 성실하게 이행할 것이며 위가 잘 작동할 수 있도록 노력하겠다고 약속했다. 그리고 오랫동안 품어왔던 화와 오해를 풀고, 서로 극적으로 화해를 이루었다.

위뿐만 아니라 다른 여러 신체 부위들과도 소통했고, 그 각각의 부위들 모두 온전히 화해하고 하나로 통합되었다.

그리고 자기 자신에 대한 분노와 화를 풀어내고 '자기용서 테라피'를 거친 뒤 통합 작업이 이루어졌다.

최면에서 돌아 나온 후, 현준 씨는 상담 전 그가 보여주었던 모습과는 완전히 다른 모습으로 앉아 있었다. 이 경험을 통해 최면에 대한 오해와 경계심을 완전히 내려놓았음을 알 수 있었다. 그는 공손하고 예의

바른 말투를 사용하며 나에게 연신 감사의 인사를 했다.

오늘 상담에서 사용한 '바디스캔' 형식의 기법을 그는 이미 잘 알고 있기도 했고, 다른 전통적인 심리 상담사에게 이 작업을 여러 번 받아 보았다고 말했다. 하지만 최면을 통한 오늘 이 작업은 그동안 과거에 자신이 수없이 받았던 작업과는 전혀 다른 세션이었다며 그 이유가 무엇인지에 대해 내게 물었다.

나는 이것이 먼저 깊은 최면상태를 확보한 다음 진행된 작업이라는 것과 일반적으로 알고 있는 바디스캔 기법의 단일 형식이 아닌, '파츠 테라피'의 변형된 형식으로 진행되었다는 점, 그리고 자기 자신에 대한 용서 작업과 연령역행 작업 등 여러 가지 기법들이 접목되고 어우러진 구조적인 특정 절차들로 이루어진 특별한 과정이라고 말해 주었다.

현준 씨는 그동안 여러 전문가에게 상담을 받으면서도 처리하지 못한 내면 깊숙이 박혀있던 응어리들을 이렇게 한 번에 끄집어내고 극적으로 해소해 준 것에 대해 감사를 표했다. 최면에 대해 새로운 시각으로 눈을 뜨게 된 것, 그리고 또 다른 방법을 배울 수 있음에 감사하다고 했다. 그렇게 그날의 상담은 종료되었다. 그리고 그 날 밤 11시가 조금 넘은 시간에 그에게서 한 통의 문자 메시지를 받았다.

"원장님, 8시 집에 도착해 아내가 끓여준 된장찌개와 밥을 먹었습니다. 저는 밥 한 공기를 다 먹었고, 지금 약을 먹지 않았는데 소화가 다 되었습니다. 제 위는 너무나 편안합니다. 소화가 잘되는지 확인한 후

늦은 시간이지만 지금 이 시간에 문자를 보냅니다. 너무 행복합니다. 제 소원이 이루어졌습니다. 다시 한번 더 감사드립니다. 다음 주에 뵙 겠습니다. 편안한 밤 되세요."

오랫동안 힘들어하던 현준 씨에게 기적 같은 변화는 그날부터 나타 났다.

일주일 뒤 우리는 그동안의 변화에 대해 이야기를 나누었다.

그는 첫 상담 이후부터 하루에 세 끼를 꼬박꼬박 다 챙겨 먹었고 약 을 먹지 않아도 저절로 소화가 잘되었다고 했다. 신기하게도 파업했던 위장이 다시 자신의 위치로 돌아가 열심히 일하기 시작한 것이다.

그날의 자기용서 작업이 끝난 후, 그의 다른 크고 작은 신체 통증들 또한 말끔히 사라졌다. 신체와 대화를 나누면서 다른 신체 부위들의 감 정들 또한 모두 해소했기 때문이었다.

오랫동안 저리던 다리도 더 이상 저리지 않고 좋아졌다. 불안함과 죄 책감도 사라졌다. 몇 번이나 반복해서 확인했지만 그는 괜찮아졌고, 더 이상 우리는 위 무력증과 관련해 세션을 진행할 필요가 없었다.

두 번째 만남에서는 그가 의식적으로 이전에 모두 해결했다고 믿고 있었던, 그러나 무의식 속에서 여전히 영향을 받고 있었던 어린 시절에 경험한 또 다른 트라우마를 해결하면서 그와의 상담은 종료되었다.

많은 사람이 오랫동안 유지되는 만성 통증을 가지게 되는 경우 자신에 대한 분노와 화, 급기야 자존감까지 무너지는 경우를 많이 접해 왔다. 나 자신을 향한 분노는 더 나아가 심각한 신체적인 증상으로 나타나기도 한다. 우리는 얼마나 많은 분노와 화를 자기 자신에게 쏟아 붓고 있는지 한 번쯤 스스로의 내면을 들여다볼 필요도 있다.

현준 씨의 기적 같은 이 사례는 "자기 자신의 무의식과 래포(신뢰, 연결고리)가 결여된 사람을 우리는 환자라고 부른다."라고 말한 20세기의 위대한 최면 대가 밀턴 에릭슨 박사의 말을 떠올리게 한다. 우리는 자신의 무의식과 자신의 신체와 얼마나 소통하며 살아가고 있을까?

현준 씨와 진행했던 이 작업은 그가 오랫동안 가졌던 오해나 두려움들을 제거하고 자기용서로 이어질 수 있었고 이 과정은 상담을 진행한 나 자신에게도 자신과의 화해가 얼마나 중요한지 다시 한번 돌아보게 만드는 기회를 만들어 주었다.

우리들 누구나 자신과의 래포를 회복하고 내면에서 올라오는 메시지에 귀 기울인다면 훨씬 더 많은 성장과 변화가 일어날 것이라 확신한다. 그리고 현준 씨가 남은 인생을 온전히 건강하고 행복하게 살아가기를 희망해본다.

발표 불안과
말더듬에 관한 최면분석

문동규
한국 현대최면 마스터 스쿨 서울센터

정도의 차이는 다르겠지만, 발표 불안과 관련된 문제는 의외로 우리 주변에서 볼 수 있는 아주 흔한 문제이다.

진형(가명) 씨는 30대 초반의 직장인이다. 그는 평소 지인과 대화를 할 경우는 별문제가 없었으나 다수의 사람 앞에서 이야기해야 할 순간이 생기면 큰 불안감에 사로잡히는 어려움을 호소했다. 특히 업무의 특성상 고객들을 직접 접하고 자사에 대해 설명해야 하는 순간들이 많은데, 그럴 때면 어김없이 손발에 땀이 나면서 심장이 두근거리고 팔다리가 떨리기 시작했기에 개인적인 고충이 이만저만이 아니었다. 심지어 고객을 만나지 않더라도 직장 내에서 상사 앞에 있을 때면 그와 비슷한 반응들이 반복되었다. 극도의 불안감과 함께 심지어 말까지 더듬거리곤 했다. 그런 일이 반복될 때마다 더욱 자신감은 떨어졌고 자신에 대해 답답하게 느껴졌다.

그는 최면 사전면담에서 이런 문제가 어린 시절부터 지속되었다고 말했다. 진형 씨는 최면상담과 나에 대한 신뢰감을 보여주었고 사전면담의 준비사항을 잘 이해하고 따라주었다. 간단한 급속 최면유도를 통해 섬냄뷸리즘(깊은 최면) 초입 이상의 충분한 깊이를 확보했고 테스트를 통해 그것을 확인했다. 이 과정에서 눈꺼풀이 붙는 간단한 컨빈서 기법을 적용했을 때 그는 자신의 눈이 떠지지 않는 것에 대해 매우 황당해 했고 이후 절차에 따라 연령역행 테라피를 사용한 최면분석 기법을 적용했다.

최면 속에서 그는 초등학교 2학년 수업이 진행되고 있는 교실 안으로 되돌아가 있었다. 책 읽기 시간에 선생님께 지목된 진형은 글을 몰라 아이들 앞에서 망신을 당하고 있었다. 그러나 세부적인 검증 결과 이 사건은 ISE(최초사건)가 아님이 밝혀졌다. 계속된 추적과 검증과정을 통해 밝혀진 것은 7살 때의 유치원에서의 경험이었다.

7살의 어린 그는 순간의 호기심으로 유치원 선생님의 돈을 훔쳤다가 결국 아이들 앞에서 선생님께 지목되어 앞으로 불려 나가 크게 혼이 난다. 선생님 앞에 선 7살 진형의 심장은 터질 듯이 뛰었다.

그 일이 생긴 지 얼마 지나지 않아 동네 형과 함께 또 한번 작은 사고를 쳤다. 두 아이는 장난삼아 구멍가게에 들어가서 돈을 훔쳤고, 곧장 도망쳐서 사람들을 피해 길가에 주차된 자동차 바퀴 옆에 숨어 있었다. 타이어 옆에 잔뜩 웅크린 어린아이는 사람들이 자신을 찾아내거나 알아보지 않을까 너무나 불안하고 떨렸다.

또 다른 이후의 초등학교 장면에서는 친구들과 장난으로 구멍가게의 껌을 훔쳐 도망가서 골목에 있는 커다란 나무 뒤에 숨어 있었다. 그곳에서 역시 어린 진형은 잡히지 않을까 불안해하며 떨고 있었다.

다행히도 그가 성장하면서 그런 나쁜 행동이 더 이상 습관으로 발전하지는 않았고 그 사건들은 어린 시절의 해프닝으로 기억 속에서 잊혔다. 시간이 지나고 성장하면서 몸은 어른이 되었지만 무의식 속, 물건을 훔쳤던 그 아이는 여전히 사람들 앞에서 극도의 불안함을 표현했다. 어른인 진형 씨가 사람들이나 상사 앞에서 자신도 모르게 느꼈던 신체적, 감정적 반응은 바로 그 아이가 선생님과 아이들 앞에서 느꼈던 그 반응이었던 것이다.

원인이 밝혀지고 무의식 속의 아이가 지니고 있었던 그 감정들을 모두 해소했다. 적절한 개입을 통해 그의 무의식 속 파트들은 결국 완전한 자율성을 얻었고, 시간을 나아간 미래에서 그는 고객들 앞에서, 그리고 상사 앞에서, 다수의 사람 앞에서 불안과 떨림, 그리고 말을 더듬지 않고 편안하게 이야기하고 있었다.

비록 1회기 상담에서 문제가 해결되고 성공적으로 마무리된 듯 보이더라도 장기적이고 영구적인 변화를 위해서는 놓치거나 새로이 나타나는 양상은 없는지, 후속으로 다루거나 강화해야 할 부분이 없는지 끝까지 꼼꼼하게 추적하는 것이 중요하다. 그렇게 1회기 세션은 마무리되었고 일정 기간 이후 2차 상담 날짜를 잡기로 약속하였다.

몇 주 후 진형 씨와의 통화에서 그간에 대한 피드백을 들을 수 있었다. 그날 함께 했던 첫 세션 이후, 그는 매일 자신을 시험해 보기 위해 고객들을 만나왔다고 했다. 그런데 신기하게도 불안 등의 감정적인 문제를 비롯하여 심장 떨림, 팔다리 떨림, 말더듬 등의 징후 또한 한 번도 일어나지 않았다고 말했다.

자신감도 되찾았고 너무나 잘 지내고 있다며 그동안 바빠서 연락이 늦었다며 감사를 표현했고 원하는 목표를 충분히 이루었으므로 1회기로 상담을 마무리 짓는 것에 동의했다. 전화 수화기에서 들리는 진형 씨의 밝고 힘 있는 목소리가 그의 되찾은 자신감을 증명하는 듯했다.

1회기의 상담만으로 이렇게 극적인 결과가 나왔다 하더라도 개인의 사고성향이나 대처 행동, 문제의 구조와 깊이 등이 같지 않으므로, 동일한 문제를 갖고 있는 내담자들이 모두 진형 씨와 같이 1회기의 상담으로 마무리되지는 않는다. 따라서 그러한 변수들을 고려하여 1회기에서 3~4회기 정도까지 소요기간의 차이가 있을 수 있다는 점을 언급한다.

돈에 대한
신념

김지희
한국 현대최면 마스터 스쿨 서울센터

40대인 동훈(가명) 씨는 영업사원이다.

그는 잠을 자려고 누우면 불안과 걱정과 같은 감정들이 올라와 잠을 이루지 못하는 수면장애 증상으로 몇 달째 괴로움을 겪고 있었다. 그리고 사전면담 과정에서 자신이 잠에 들지 못하는 주요한 원인 감정이 직업에 대한 불안감임을 인지했다.

"저는 영업사원이라서 계약을 따내려면 고객에게 상품을 적극적으로 설명하고 설득해야 하는데 그럴 때 늘 왠지 모를 죄책감과 불편한 감정을 느껴요. 그러니까 소극적으로 대응하게 되고 실적도 안 좋고, 직업적으로 불안해요. 점점 생활 전반이 불안하고 무기력해지는 것 같아요."

본격적인 최면 작업이 시작되면서 그는 고객을 설득하면서 느끼는 마음의 불편함, 죄책감의 원인이 된 어린 시절로 돌아갔다.

동훈 : 가족끼리 밥을 먹고 있어요. 초등학교 3학년이에요. 밥을 먹으면서 내일 소풍을 가는데, 다른 애들은 다 용돈을 가져온다고 나도 달라고 엄마 아빠한테 조르고 있어요.

상담사 : 계속 이야기해 보세요.

동훈 : 아빠 표정이 안 좋아요….

아빠가 맨날 하던 소리를 또 해요. 돈 벌기가 그렇게 쉬운 줄 아느냐부터 아빠는 할아버지가 일찍 돌아가셔서 너보다 더 어렸을 때부터, 하루 종일 집안일, 농사일을 도왔다. 너는 그런 일 한 번도 안 하면서 엄마 아빠가 안 굶기고 밥 먹이지, 학교 다니지, 편하게 자라는 줄 알아라…. 그런 이야기를 해요.

상담사 : 그리고 어떻게 되나요?

동훈 : 아빠가 결국 100원을 주네요. 너무 부끄럽고 화나요. 소풍도 안 가고 싶어졌어요. 우리 집은 너무 가난해요. 그리고 달랑 100원 주면서 아빠는 엄청 생색을 내요. 너무 화나고 짜증 나요. 내가 100원짜리가 된 것 같아요.

이와 비슷한 어릴 때의 사건들을 다시 재경험하며 그는 그 당시의 감정들과 생각들을 다시 느끼고 바라보았다. 그러면서 늘 가난하다고 느꼈던 기분, 자신에게 늘 인색했던 부모님, 부끄러움, 돈을 벌기는 정말 어려운 거라는 신념들이 자기 속에 새겨진 것들을 발견하였다.

중·고등학교 시절 늘 용돈이 부족해서 친구들이 간식을 사 먹을 때 자기는 돈이 없어 친구들이 못 보는 곳에 숨어 있었던 일, 늘 누나 옷을 물려 입었던 기억 등을 떠올리며 어린 동훈은 항상 모자라고 부족한 느낌을 느꼈고 '난 뭐든 좋은 것을 쉽게 얻을 수 없어', '아주 힘들게 얻어야만 해…'라는 자기신념이 자리 잡았다.

그리고 마음속의 부모님과 대화를 나누는 동안 내담자가 가진 돈에 대한 부정적인 신념들을 발견했는데, 그 신념들은 대부분 부모님으로부터 비롯된 것이었다.

최면 속에서 만난 아버지는 동훈 씨에게 이렇게 말했다.

"나는 부자치고 훌륭한 사람은 못 봤다. 뭘 하는데 그렇게 쉽게 돈이 벌린단 말이냐, 사기를 치지 않고서야…."

"돈은 함부로 쓰면 안 돼. 불쌍한 사람들이 얼마나 많은데…."

"나는 어릴 때 하루 종일 농사일을 도왔고 과자라는 것도 하나도 못 먹어보고 자랐다. 그런데 너는…."

영업에 대한 동훈 씨의 불편함을 확인하기 위해 "아버님, 아들이 ○

○를 판매하는 직업을 가지고 있는데 어떻게 생각하세요?"라고 물었을 때, 아버지의 입장이 된 동훈 씨는 이렇게 대답했다.

"왜 필요하다고 하지도 않는 물건을 사라고 해서 부담을 줘? 필요하면 자기가 와서 사겠지. 내가 볼 때는 꼭 필요한 것도 아니구먼⋯."

이 대답을 통해 직업에 대해 자부심 또한 결여되어 있음을 유추해볼 수 있었다.

내담자의 부모님은 교육자이신데, 그분들은 부자는 주로 인격적으로 훌륭하지 못한 사람이고, 돈을 밝히는 것은 창피한 일이며, 돈은 함부로 쓰거나 다른 사람에게 빌리거나 거래를 해서는 안 되는 것이라는 등 돈에 관한 부정적 가치관을 가지고 있었다. 그것은 내담자의 무의식에 그대로 자리 잡았다.

그 신념들은 여러 가지 경험과 언어를 통해 내담자에게 각인되면서 내담자가 고객에게 상품을 판매할 때, '내가 돈을 벌려고 거짓말을 한다.'라는 근거 없는 죄책감을 느끼게 만들었다. 뿐만 아니라, 높은 성과에 따라 더 많은 수입이 들어오는 것을 스스로 그다지 바라지 않는, 돈에 관한 엉뚱한 부정적인 무의식을 가지고 있음도 알게 되었다.

그리고 어린 시절을 다시 경험하면서 객관적으로 상황을 다시 보았을 때, 지나치게 근검절약하는 부모님으로 인해 늘 부족한 느낌을 느꼈을 뿐이지 실제로는 그리 가난하게 살지 않았다는 사실도 깨닫게 되면서, 마치 가난이 자신의 운명인 것처럼 느껴왔던 불필요한 오해에서도 벗어나게 되었다.

　동훈 씨의 경우 '우리 집은 늘 가난했으니까 나도 커서 가난할 수밖에 없지….'와 같은 내면의 신념도 함께 지니고 있었고, 겉으로는 그런 상황에서 벗어나려 하면서도 내면에서는 마치 운명처럼 그것을 받아들이는 삶의 태도를 가지고 있었다.

　실제로는 많은 부분이 현실에 근거한 생각이나 신념이 아니고 부모님의 그것을 그대로 물려받은 것이었으며, 그마저도 어린아이로서 객관적으로 상황을 파악하지 못해 생긴 여러 오해가 기저 무의식에 각인되어 삶의 중요한 부분에 계속해서 부정적으로 작용하고 있었던 것이다.

　동훈 씨는 이 최면 작업을 통해서 돈에 대한 이러한 가치관이 부모님에게서 온 것이며 건강하지 않았음을 통찰하게 되면서 그가 가진 돈에 대한 신념은 긍정적인 방향으로 재프로그래밍 되었다.

　현재 하는 일에 대해서도 '나는 정당한 방법으로 고객에게 필요하고 유리한 것을 제공하고, 그 보답으로 나와 고객은 둘 다 이익을 얻는다. 내가 하는 일은 고객과 나 모두에게 이로운 일이다.'라는 자신이 하는 일에 대한 자신감의 근거가 되는 가치를 스스로 새기게 됨으로써 부담감과 죄책감을 지워나갔다.

　동훈 씨의 최면 작업은, 단 한 번도 의심하지 않았던 자신의 생각, 가치관, 신념이 과연 정말 내 것인지, 아니면 부모나 누군가에 의해 각인된 것인지 살펴보고 분리해 내는 과정을 거칠 수 있었다. 그리고 그 통찰을 통해 옳고 그름의 판단 없이 자신도 모르게 따르던 부모님의 신념이 아닌, 자신의 삶을 살아가기 위한 새롭고 긍정적인 신념을 만들면서 삶 전체의 색깔을 바꿀 수 있게 되었다.

　물론 그가 처음에 힘들다고 말했던 불면 증상 또한 이 모든 과정 속에서 말끔히 사라졌다.

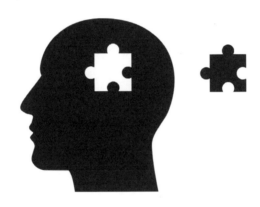

새신랑의
심리적 발기부전

문동규

한국 현대최면 마스터 스쿨 서울센터

민철(가명) 씨는 결혼한 지 이제 갓 5개월 지난 20대 후반의 새신랑이었다. 발기부전 등의 문제는 의료적인 주제이기에 일반적인 최면상담에서는 다루지 않는다. 그러나 이 사례는 내담자가 의료기관을 먼저 방문하고 의사 선생님과 충분한 상담 후에 내담한 사례이다. 처음에는 비아그라 등의 약을 처방받아 복용해 보았지만 어떤 때는 약을 먹어도 효과가 없을 만큼 심각했고, 민철 씨 스스로도 아직 젊은 나이이기에 이것에 대해 크게 걱정스러웠다.

의사 선생님의 검사결과, 신체적 원인이나 구조적 문제는 없다고 판단했고, 민철 씨의 마음에서 오는 문제일 가능성이 크니 심리적인 원인을 찾는 최면상담 등을 받아보라고 추천받아 먼 지방에서 방문했던 사례이다. 당시에 양방 의료인이 심리상담도 아닌, 최면상담을 추천하는 경우는 거의 없었으므로 그 얘기를 들은 나는 다소 놀라지 않을 수 없었다.

최면상담이 직접적으로 의료적인 질병을 치료하는 것은 아니며, 일반 상담소가 의료기관이 아닌 만큼 아무리 추천을 받았다 하더라도 이 상담의 초점이 발기부전을 치료하기 위함이 아니라, 해당 문제와 연관된 마음속의 감정이나 심리적인 부분을 돌보기 위한 보조적인 작업임을 다시 한번 내담자에게 분명히 하고 우리가 다루고자 하는 부분에 대해 충분히 이해하고 동의하고 나서야 상담은 시작되었다.

그가 가진 문제는 몇 개월 전부터 시작되었다. 몇 개월 전의 어느 날, 직장 동료들과의 회식에서 과음을 했고 그렇게 귀가한 날 밤 아내와 부부관계를 시도하다 실패했다고 한다. 그런데 이상하게도 그 이후로 부부관계에서 실패하는 횟수가 잦아지게 된 것이다. 민철 씨에 따르면 이전에도 여러 번 과음을 한 경험은 많았지만 한 번도 이런 적은 없었다고 한다. 같은 남성이기에 이런 이야기를 솔직하게 나눌 수 있었고, 이야기하는 동안 그의 표정은 아주 심각해 보였다.

민철 씨는 최면 사전면담에 잘 따라주었고, 곧이어 최면유도를 비롯한 준비절차도 순조롭게 따라주었다. 그리고 잠자리에서 자신감을 저해시키는 부분에 대한 최면분석이 시작되었다. 최면상태에서 그는 눈물을 보이며 이런 자기 자신에게 너무 화가 난다고 말했다.

최면분석을 통해 ISE(최초 사건)와 SPE(징후 유발 사건)가 분리된 문제가 아니라는 것이 확인되었다. 그는 몇 개월 전 과음을 하고 술에 취해 아내와 잠자리를 시도하던 순간의 자신으로 돌아갔다. 그곳에 있는 민철 씨는 마음과는 달리 갑자기 신체적으로 반응하지 않는 자신에 대해 단순히 실망스러운 감정을 넘어서 자존심까지 상했다. 그는 남성으로서의 성적인 부분을 자기만족과 자신감, 자존심에 연결짓고 있었던 것이다.

짧은 시간이었지만 그 시간 동안 그가 느낀 것은 실망감과 짜증, 자존심 상하는 느낌 등 다양한 감정들이었다. 개입과정 속에서 세부적인 감정들이 하나하나 해소되었고, 그 과정에서 그는 자신이 어떤 오해를 갖고 있었는지에 대해 자각하게 되었다.

술(알코올)이라는 것은 화학적인 작용을 하는 것으로 인체에 들어왔을 때 뇌에 직접적인 영향을 미친다. 비록 이전에는 술을 먹고도 성적 기능에 영향을 받았던 경우는 없었지만, 그런 경험을 하게 되는 것은 젊은 민철 씨에게 시간문제였을 뿐이었다. 그리고 그 경험은 단지 술의 화학적 영향력이 성적인 기능에 영향을 준 첫 번째 경험일 뿐이었다.

민철 씨는 그동안 그런 화학적인 영향력을 무시하고, 어찌 보면 당연히 일어날 수 있는 일을 자신의 남성성이나 자신감, 정체성과 무의식적으로 연결짓고 있었음을 자각했다. 적절한 개입을 통해 해당 경험의 영향력은 모두 소거되었고 이제 더 이상 그 경험은 그에게 자존심이나 짜증을 유발하는 경험이 아니었다.

뒤이어 그의 내적 파트와 자기용서 및 자기화해에 이르는 작업이 진행되었고 모든 파트들의 동의하에 민철 씨의 내적 파트는 더 이상 잠자리에서 자신감을 저해시키는 역할이 아닌, 본래의 자신감으로서 내적인 재통합을 이루었다.

최면상태에서 가까운 미래로 나아간 그는 아내와의 잠자리 상황을 경험했지만, 더 이상의 장애물은 없었고 원래의 자신감은 회복되어 있었다. 그리고 2년 정도 후의 미래에서 아기 아빠가 된 자신을 떠올리며 행복해했다.

최면에서 돌아 나온 그는 최면에서 자신이 알게 된 것에 관해 얘기하며 한결 편안해 했다. 3회기의 기본 상담회기를 예상하고 진행하기로 했기 때문에 다음 일정을 잡아야 했지만 변수가 많은 그의 직업 특성상 일정을 보고 다시 2회기 일정을 잡기로 했다.

그런데 연락한다던 그로부터 연락 없이 몇 주간의 시간이 지나버렸다. 최면상담의 특성상 작업이 완전히 종료되지 않은 상태에서 너무 길게 공백 기간을 갖는 것은 바람직하지 않기에 민철 씨에게 일정에 대해 상의하기 위해 먼저 전화를 걸었다.

전화를 받는 그의 목소리는 아주 밝아 보였다. 몇 주 동안 어떻게 지냈냐는 나의 질문에 이렇게 답했다. "아, 죄송해요. 먼저 연락드린다는 것을 깜빡했네요. 원장님 덕분에 그날 상담 이후 완전히 돌아왔어요! 지금 아내와도 너무 잘 지내고 있습니다. 나머지 상담은 진행하지 않아도 됩니다."

밝고 힘찬 그의 목소리에 상담사로서도 기분 좋은 극적인 피드백이었다. 덕분에 남은 회기에 대한 상담료는 환불해 주었지만 말이다.

민철 씨의 경우 의외로 문제의 구조가 복잡하지 않았고 핵심적인 문제가 원활하게 다루어져 1회기 만에 해결되었다. 그러나 비슷한 고민을 가진 모든 사람이 동일하지는 않을 것이다.

발기부전의 문제가 모두 이런 심인성 문제에서 비롯되는 것은 아니며 최면상담이 일반적으로 다루는 주제들 또한 아니므로, 독자들이 이것을 발기부전의 직접적인 주 치료법으로 오해하지 않기를 바란다.

밖에서는
먹을 수가 없어요

김진하
한국 현대최면 마스터 스쿨 서울센터

오상진(가명) 씨는 20대 후반의 남성으로 중요한 자격시험을 준비하고 있었다. 상담 의자에 앉은 그는 단정하고 말끔한 모습으로 차분하고 조리 있게 자신의 이야기를 시작하였다.

그의 주요 고민은 이랬다. 그는 집이 아닌 외부에서 사람들과 식사를 하게 되는 상황이 생기면 불안한 마음이 들어 음식을 먹을 수 없었고, 음식을 억지로 입에 넣어도 바로 뱉어야 할 정도로 힘든 문제가 있다고 하였다.

다른 방식의 상담을 단기적으로 받아 봤지만 큰 효과가 없다고 느껴져서 중단했고, 이 문제가 쉽게 해결되지 않자 자존감이 낮아져서 더욱 힘든 상황이었다.

최면 작업에 대한 오해와 긴장을 풀 수 있도록 안내하고 설명한 뒤 상진 씨의 상황과 문제를 더 구체적으로 탐색하고 이해하기 위해서 대화를 이어나갔다.

상진 씨는 수년 전에 소화기관에 질병이 생겨서 고생한 적이 있었는데 당시 가족들에게 기대했던 만큼 도움과 위로를 받지 못했고 배신감이 들었다고 한다. 그때 느꼈던 감정과 마음에 대해서 가족들과 이야기를 나누고 관계가 풀어졌다고는 말했지만, 그러한 일이 있던 것과 음식을 먹기 힘든 문제가 생긴 것이 어느 정도 연관이 있는 것으로 보였다.

이러한 배경을 염두에 두고 최면 작업을 통해서 문제가 생긴 이유를 탐색해 보고 풀어나가기로 했다.

첫 번째 세션의 최면 작업에서 그는 외부에서 사람들과 함께 있을 때 음식을 먹기 힘들게 만드는 마음의 부분을 탐색했고 곧 그 마음의 부분을 만날 수 있었다.

자신의 이름을 '과거'라고 소개한 이 마음의 부분은 상진 씨가 다시 아프지 않도록 하기 위해 밖에서 음식을 먹지 못하게 만든다고 했다. 예전에 소화기관이 건강하지 않았을 때 받았던 마음의 상처가 너무 커서 힘들었기 때문에 다시는 그런 상황이 생기지 않도록 아예 밖에서 음식을 먹는 것을 차단하는 일을 하기 시작했다는 것이다. '과거'는 자신의 역할이 상진 씨를 고통에서 보호하고 편안하게 쉴 수 있게 만든다고 믿는 것 같았다.

'과거'의 이야기를 듣고 먼저 마음에 남아 있는 상처를 다시 돌아보는 작업이 필요하다고 생각되었다. 그래서 '과거'가 이런 일을 시작할 수밖에 없게 된 원인이 되는 장면으로 가서 마음 안에 있는 가족들의 모습을 마주했다.

아파서 고통을 겪고 있는 그에게 위로가 되어주기보다는 오히려 책망하고 비난한 가족들에 대해 섭섭하고 화난 감정이 남아 있었고, 이런 감정들을 직면하고 정화하는 과정을 거쳤다.

깊은 곳에 묻혀서 남아 있던 감정을 마주하느라 정신력을 많이 소모한 상진 씨는 세션이 끝난 후에 많이 지쳐 보였다. 집에서 충분한 휴식을 취하고 한 번 더 세션을 진행하기로 했다.

두 번째 세션에서는 마음의 부분들이 조화를 회복하고 새로운 방식을 선택하도록 서로 대화를 나누는 작업을 진행했다.

상진 씨에게는, 다시 힘들어지지 않도록 미리 대비하기 위해 바짝 경계하며 불안하게 만드는 부분과 더 나은 상황을 만들 수 있도록 스스로를 압박하는 부분이 있었다. 그를 있는 그대로 사랑하는 내면의 빛이 불안하고 압박하는 마음의 부분들에 빛을 비춰주면서, 긴장하고 경계하게 만드는 방식이 아니라 수용하고 이완하는 방식으로 그가 더 나아지도록 도와줄 수 있다는 것을 알려주었다.

그러자 마음의 부분들은 새로운 방식으로 상진 씨를 도와주고 보호하는 것에 대해서 합의했다. 이어 밖에서 사람들과 식사하려고 했던 장면들로 가서 남아 있는 불안과 긴장들을 정화하고 편안하게 식사할 수 있다는 것을 확인하는 작업을 꼼꼼하게 거치고 마무리했다.

이와 같은 두 번의 세션이 끝난 이후, 실제로 그는 최면에서 떠올렸던 것처럼 밖에서 사람들과 함께 편안하게 밥을 먹을 수 있게 되었다. 더 이상의 불안함은 없었다.

그가 애초에 목표로 했던 문제가 해결되었다고 판단되어 상의와 동의하에 상담을 종결하였다.

상진 씨의 사례에서 볼 수 있는 것은 스스로를 보호하기 위해서 무의식이 일으키는 방어적 반응이 역기능적으로 작동했다는 것이다. 이 경우 역기능적 반응을 일으키는 부분의 감정을 직면, 정화하고 기존과는 다르게 반응하는 방법을 무의식이 선택할 수 있도록 안내함으로써 내적 문제들이 해결되곤 한다.

최면 작업에서는 일상적인 상태보다 무의식에 더 직접적인 영향을 주기 때문에 이와 같은 상황에서 더 빠른 효과를 볼 수 있다.

불면과
게임중독

김지희

한국 현대최면 마스터 스쿨 서울센터

40대인 영준(가명) 씨는 심한 불면과 게임중독으로 상담을 시작했다. 낮에는 물론이고 며칠 동안 뜬눈으로 밤을 새우다 보니 신체 컨디션도 좋지 않았고, 낮 동안에는 멍한 상태로 지내고 있었다. 원래는 불면에 초점을 두고 상담을 시작했으나 불면의 원인 중 큰 부분이 게임중독이었기에 이 부분을 다루는 것이 상담의 핵심이 되었다.

잠을 전혀 못 자는 상태였기 때문에, 상담 첫날 신체 컨디션이 좋지 않았다. 따라서 첫날 상담에서는 우선 이완을 하며 불면의 원인보다는 증상 자체에 초점을 맞추는 작업을 진행하였고 그 결과 실제 수면의 질은 며칠 지나지 않아 바로 개선이 되었다.

최면상담에서는 스스로 이완을 하는 여러 가지 방법을 가르쳐줄 수 있고, 이완은 그 자체만으로도 많은 감정적 상태를 부드럽게 만들 수 있기 때문에 불안, 긴장 등을 낮추는 중요한 요소이다. 따라서 나는 내담자 대부분에게 최면상태에서 이것을 가르치고 자가 훈련을 시키는 편이다.

두 번째 상담부터는 본격적으로 게임중독에 대해 작업을 했다.

최면상태에서 게임 충동과 연관되는 느낌을 찾았고 그것은 바로 '외로움'이었다.

상담사 : 가장 최근에 게임을 하기 직전으로 가 보세요.

영준 : ○○게임을 하려고 해요.

상담사 : 그보다 조금 더 전으로 가보세요. 게임을 해야겠다는 마음이 올라오기 바로 직전에 어떤 느낌을 느끼는 것 같나요?

영준 : 외로운 것 같아요.

상담사 : 그 상황을 진행해서 게임을 시작하고, 거기에 한참 몰두하는 자신을 바라보세요. 그리고 외로운 감정이 어떻게 바뀌는지 한 번 살펴보세요.

영준 : 조금 덜 외로워요…. 이렇게라도 사람을 만날 수 있어서요.

상담사 : 또 어떤 느낌이 있어요?

영준 : 누군가와 연결된 느낌이에요.

최면상태에서 게임을 하고 있는 자신을 느끼고 바라보면서 그는 인터넷상으로라도 누군가와 연결되고자 하는 느낌을 충족하고 있음을 알게 되었다. 실제로 이 내담자는 어릴 때부터 사람과의 만남을 극히 두려워해서 가족 외에는 사회생활이나 교제를 거의 하지 않고 집에서 머무는 생활을 수년째하고 있었다. 그리고 게임 중에서도 특히 팀플레이 게임을 하면서 얼굴을 보지 않고 안전하게 온라인상의 불특정한 사람들과 연결하며 외로움을 달래고 있었다.

그러나 팀플레이 게임에서 이겼을 때는 그 연결감이 커져서 자신이 뭔가 역할을 했다는 성취감을 느꼈지만, 졌을 때는 그렇게 연결된 사람들로부터 채팅창에서 비난을 받고 더욱 고립된 감정을 느꼈으며, 게임이 끝났을 때는 허무함과 공허함까지 밀려왔다.

가장 편안하고 행복한 자신만의 장소를 상상하라고 했을 때, 영준 씨는 자신을 지지하는 사람들 속에서 스스럼없이 자신이 대화를 주도하고 이야기하는 장면을 떠올렸다.

상담사 : 지금 어떤 기분인가요?
영준 : 지지받는 느낌이고요, 제가 어떤 이야기를 해도 괜찮아요.
상담사 : 자신은 어떤 모습인가요?
영준 : 그냥 떨지 않고, 편안하게 제가 이야기를 해요. 하고 싶은 말

을 잘할 수 있어요. 사람들이 제 이야기에 관심 있어요.

내담자가 실제로 원하는 것이 무엇인지 알 수 있는 부분이었고, 두 가지 상황에서의 감정을 좀 더 분명하게 하면서 자신이 원하는 것이 무엇인지 스스로 분명히 알게 했다.

최면상태에서, 게임에 몰입할 때의 연결된 느낌과 따뜻한 사람들과 함께 있으면서 대화하는 느낌, 이 두 가지 장면을 여러 번 왔다 갔다 하며 스스로 정말 원하는 감정이 둘 중 어느 것인지를 발견하게 했다.

이후 여러 번의 작업으로 대인관계를 회피하게 된 원인을 찾고 해소하는 작업을 진행했다.

또 계기가 된 사건들 외에 성격적인 요인도 있어 이후 파츠 테라피 작업을 하면서, 가족들을 대할 때 나오는 자연스럽고 편안한 말투와 태도, 마음을 가진 파트를 불러내어, 영준 씨가 가족이 아닌 다른 사람들을 대할 때와 직업적인 일을 할 때 그 파트가 나와 주기로 동의했다.

최면 작업에 있어 내담자의 적극성과 협조, 상담가를 신뢰하는 태도는 작업의 질을 결정하는 매우 중요한 요인이고 영준 씨는 그런 면에서 훌륭한 내담자였다.

따라서 몇 회기의 상담을 거치면서 실제 수면문제는 금방 해소되었고 게임 역시 스스로 통제하며 조절 가능하게 되었다.

지인들의
죽음과 상실감

김진하
한국 현대최면 마스터 스쿨 서울센터

박종수(가명) 씨는 무기력하고 우울한 상태로 지난 몇 년을 살았다.
공무원으로 직장에 열심히 나가고는 있지만 업무에 집중하기 어려웠
다. 억지로라도 힘을 내려고 노력하다가도 모든 것이 무의미하게 느껴
져서 힘이 빠지기를 여러 번, 슬프고 우울한 감정을 다스리느라 술에
의지하게 되었다.

그의 첫인상은 어둡고 어딘가 피곤해 보였다. 이야기를 나누면서 그
가 3년 전에 큰 상실 사건을 경험했으며 그 사건으로부터 계속 영향을
받고 있다는 것을 알게 되었다.

3년 전 아주 친했던 친구와 가까웠던 직장 동료가 비슷한 시기에 세상을 떠났다. 종수 씨의 마음 깊은 곳에는 이때 느꼈던 상실감, 죄책감, 불안감, 허무함 등이 자리 잡고 있었다.

이러한 감정들을 살펴보는 것이 주요한 작업이 될 것 같았고, 구체적인 사항들은 잠재의식이 이끌어가는 대로 따라가 보기로 했다.

첫 번째 상담에서는 일에 집중하지 못하는 마음을 만났다. 무기력함과 나태함으로 드러나는 겉모습의 이면에는 감당할 수 없는 슬픔이 있었다.

종수 씨는 친구가 세상을 떠난 이후부터 슬픔을 억누르게 되었다고 했다. 최면상태에서 작업하는 동안 마음 안에 남아 있는 죽은 친구의 모습을 만나도록 안내했을 때 종수 씨는 마치 실제로 친구를 다시 만나는 것처럼 반가워했다.

친구를 먼저 떠나보내면서 느꼈던 슬픔, 아쉬움, 미안함과 허무함을 돌아보는 작업을 하면서 그는 많은 눈물을 흘렸고, 친구와 대화를 나누면서 그간 못다 했던 말과 마음을 표현했다.

종수 씨는 이 작업을 통해 보내지 못하고 마음속에서 잡고 있던 그 친구를 진심으로 보내줄 수 있게 되었다고 했다. 깊이 잠겨있던 감정들을 다루느라 작업 이후 몸에 통증이 올라오기도 했지만, 감정을 정화하면서 그 통증도 자연스럽게 가라앉게 되었다.

두 번째 상담에서는 최면상태에서 내면의 빛을 불렀고, 그 내면의 빛은 세상을 떠난 직장 동료에게 그를 안내했다.

종수 씨는 첫 번째 상담과 같이 마음 안에 있던 동료에게 오랫동안 억눌렀던 슬픔을 표현했다. 동료는 그를 위로하고 달래며 먼저 간 자신을 용서해달라고 했다. 그리고 이제 괜찮으니 먼저 떠난 자신은 보내주고 종수 씨 스스로를 챙기며 건강하게 살았으면 좋겠다고 당부하고 또 당부했다.

그렇게 마음 안에서 동료를 만나고 보내주는 동안 또다시 몸에 미약한 통증이 올라왔는데, 이 역시 감정을 다루면서 자연스럽게 사라졌다. 두 번째 상담 이후부터 그는 확연하게 우울감이 줄어든 것이 느껴진다고 했다.

세 번째 상담에서는 어렸을 때부터 이어져 온 불안감과 죄책감을 품고 있던 내면의 아이를 만났다. 종수 씨의 내면아이는 지속된 좌절과 죄책감으로 많이 위축되어 있었다. 그런 내면아이에게 위로와 용기를 전하고 짐을 덜어주는 작업을 했다. 또한 삶을 주체적으로 사는 것에 대해 깊이 있는 대화도 나누었다. 그 결과 그의 내면아이는 종수 씨에게 희망적인 메시지를 전했다.

마지막으로 진행한 네 번째 상담에서는 직접적인 방식의 최면을 사용하지 않고 대화를 나누면서 지난 세션들을 돌아보고 정리, 통합하는 작업을 했다.

세션을 마무리하면서 종수 씨는 삶 전반에 안개처럼 퍼져있던 우울감이 현저하게 줄어들었고 진심으로 행복함을 느끼는 순간들이 생겼다며 기뻐했다.

떠나간 친구와 함께 즐겼던 취미를 그동안 하지 못하고 있었는데 이제 그 취미를 다시 시작하게 되었고, 업무에 대한 집중력도 확실하게 증진되었다고 한다.

또한 부정적, 회의적으로 느껴졌던 삶의 부분들이 새롭게 다가오면서 매일 마주하고 지나치는 일상의 요소들에서도 긍정적인 부분들을 느낄 수 있고 사는 것이 아름다워 보인다고도 말했다.

종수 씨는 마음 깊은 곳에 쌓여있던 감정의 짐들을 풀어주고 보내주는 작업을 하면서 삶이 가벼워지고 여유가 생긴 것처럼 보였다.

멈출 수 없는 습관,
발모광

권동현
한국 현대최면 마스터 스쿨 부산센터

어린 아들이 머리카락을 계속 뽑아서 걱정이라는 엄마의 하소연에 10살 민준(가명)이를 상담하게 되었다. 약속된 날에 민준이는 엄마, 아빠와 함께 상담실을 찾았다. 본격적인 상담 전에 먼저 부모님과의 면담을 시작했다. 그 시간에 아이는 로비에서 조용히 앉아 TV를 보고 있었다.

처음 만난 젊은 부모님의 인상은 두 사람 모두에게서 상담사의 입장에서 다소 무례함이 느껴질 정도로 적개심 같은 것이 느껴졌다. 일반적으로 자녀의 문제해결을 돕기 위해 상담 전문가를 찾아오는 여느 부모

KMH 전문가 그룹 최면상담 사례집

074

님의 태도와는 달랐기 때문이다. 먼저 상담 테이블 위에 휴대전화를 꺼내놓고 보란 듯이 녹음 버튼부터 누르면서 우리의 대화를 녹음하기 시작했고, 엄마는 팔짱을 끼고 마치 따지듯 날카롭게 쏘아붙이면서 아이에 대해 이야기하기 시작했다. 그리고 아빠는 엄마 옆에서 다리를 꼬고 의자에 등을 기댄 채 마치 자신은 상관없지만 어쩔 수 없이 따라온 듯 앉아 있었고 아무런 말도 하지 않은 채 아내의 눈치를 살폈다.

이것이 스트레스로 인한 일시적인 모습이 아닌 평상시의 모습이라면 아이와 이야기를 나누지 않아도 아이가 그간 부모로부터 꽤 많은 스트레스를 받았을 것이라는 짐작이 갔다.

아이를 데리고 정신과 병원을 몇 군데나 다녔고, 아동 심리 상담도 1년 이상 장기적으로 받았으며, 급기야 머리카락이 거의 남지 않게 되자 서울에 있는 가발 전문 업체에서 인모로 가발을 제작해 쓰고 다니는 이야기까지⋯. 엄마는 그동안 아이를 데리고 서울이든 부산이든 전국의 유명하다고 소문난 곳은 다 다녔다며 여러 방면으로 많은 노력을 해 온 것에 대해 이야기를 했다. 그러나 엄마는 정작 아이가 왜 머리카락을 뽑게 되었는지에 대해서는 관심이 없는 듯 보였고, 당장 최면을 걸어 암시를 통해서 머리카락만 뽑지 못하게 해 달라고 강하게 요구했다.

그러나 한편으로는 그런 부모님의 입장도 이해가 갔다. 그도 그럴 것이 그동안 민준이와 다녔던 병원이든 상담센터든 확실하게 머리카락을 뽑지 않게 될 것이라고 확답을 받았지만 모두 실패했던 터였기에 이곳에서도 그런 종류의 확답을 받고 싶었던 것이다.

KMH의 최면 상담사들은 경험적으로 수많은 유사 사례들에서 100% 성공한 주제의 사례라 하더라도 결코 어떤 증상이나 결과의 보장에 대해 단정적으로 말하지 않는다. 낙관적인 전망을 말하는 것과 단정이나 보장을 하는 것은 완전히 다른 것이다.

왜냐하면 우리가 다루는 것은 인간의 마음이며 마음의 다양한 문제들의 원인에는 셀 수 없이 다양한 변수와 복잡성이 존재할 수 있다. 그리고 그 변화의 주체는 상담사가 아닌 내담자 본인이다. 따라서 KMH 전문가 그룹의 상담 전문가들은 결코 그런 식의 단정을 전제로 회기를 진행하지는 않는다.

먼저 부모님께 이 부분에 대해 오해하지 않도록 충분히 설명했고, 그런 식의 상담이라면 상담을 진행할 수 없다고 안내를 해 주었다. 그런 설명과 안내를 들은 엄마는 수긍하는 듯 보였고 이어서 민준이와 상담을 이어나갔다.

상담실에서 민준이와 단둘이 대화를 하기 시작했을 때, 아이는 마치 조금 전 엄마의 행동을 옆에서 보고 모방하듯 엄마처럼 앉아 팔짱을 끼고, 방금 보아서 익숙한 엄마와 똑같은 말투를 사용하며 쏘아붙이듯 말했다.

민준 : 선생님도 그냥 돈만 받고 제가 좋아졌다고 엄마한테 이야기

해 주세요. 제가 어떻게 되든 상관없잖아요? 여태 상담받은 곳들은 다 그랬어요. 제가 뭐가 문제인지 알지도 못하면서 괜찮다고 엄마한테 얘기하더라고요. 여기도 똑같겠죠…. 그리고 저는 머리카락을 계속 뽑을 거예요. 저는 변하지 않는다고요.

상담사 : 그래? 네가 이전에 어떤 방식으로 어떻게 상담을 받았는지 모르겠지만 여긴 이전에 받았던 상담들과는 많이 다를 거야. 그리고 네가 나에게 그런 마음을 가지고 있다면 미안하지만 난 너를 상담하지 못할 것 같아. 그냥 집으로 돌아가는 게 좋겠는걸?

민준 : 다 유명하다고 소문난 곳을 엄마가 알아보고 가서 상담받았고, 병원도 유명한 곳만 다녔거든요? 그냥 돈만 챙기세요. 그러면 되잖아요…?! 그런데 여기는 정말 달라요?

생각지도 못한 민준이의 행동과 쏘아붙이는 듯한 말투에 깜짝 놀랄 수밖에 없었다. 머리카락을 뽑는 습관적인 부분에 있어 민준이는 개선할 의지가 전혀 없었으며 엄마의 강압적인 말에 의해 억지로 마지못해 상담받으러 왔다는 것을 눈치챌 수 있었다.

다른 여러 상담도 마찬가지겠지만, 최면상담 역시 본인의 자발성이 없다면 상담을 진행할 수 없기에 '네가 그렇게 생각한다면 상담을 할 수 없다'라고 말해 주었다. 다행스럽게도 어린 민준이었지만 내가 하는 말의 뜻을 이해하고 받아들였다.

아이는 자신도 변하고 싶지만 머리카락을 뽑는 행동을 그만할 수 없어 답답하고, 머리카락을 뽑을 때마다 스트레스가 풀리기 때문에 계속해서 뽑고 싶다고 말했다. 그리고 이 상담을 통해 정말 개선될 수 있다면 상담을 받아보겠다고 했다.

어린 민준이는 마음속에 있는 여러 감정에 대해 표현하는 것이 어려웠고, 한 번에 많은 감정을 정리할 수 없었다. 그래서 아이의 속도와 수준에 맞추어 대화하며 세션을 조정했다. 먼저 아이들에게 적용하는 간단한 유도법을 통해 최면을 유도했고, 머리카락을 뽑게 된 원인을 찾는 과정을 시작했다.

과거의 민준이는 학교에서 치른 중간고사에서 전 과목 백 점을 받고 집으로 가서 엄마에게 칭찬을 받고 싶어 자랑했지만, 돌아오는 엄마의 반응은 매우 차가웠다.

"전 과목 백 점을 받는 건 당연한 거 아니니? 아빠가 돈 벌어서 학원비로 너에게 얼마나 많이 쓰고 있는데 최소한 너는 백 점을 받아야지. 이 기회에 논술 학원 한 군데 더 다니자."

생각지 못한 엄마의 이런 반응에 참을 수 없이 화가 났지만, 어린 민준이는 그런 엄마에게 어떠한 말도 할 수 없었고, 답답한 마음만 갖고 있었다.

그 무렵 머리카락을 뽑는 행동을 처음 시작한 것이다. 민준이는 처음 머리카락을 뽑았을 때 답답하고 짜증 났던 마음이 조금은 시원해지는 것 같은 느낌이 들었다고 말했다. 어린 민준이가 자기 마음대로 뭔가 할 수 있는 건 머리카락을 뽑는 것뿐이라고 생각했다.

그 날 이후부터 아이는 집에서 잠시라도 휴식을 할 때면 머리카락을 뽑았고, 머리카락과 함께 뽑힌 하얀 모근을 보면서 흐뭇함을 느꼈다. 혹시라도 모근이 함께 뽑히지 않으면 짜증이 났고 다시 마음에 들 때까지 모근을 뽑았다. 아이가 앉았다 일어난 자리에는 모근까지 뽑힌 머리카락이 한 줌씩 있었다.

이것으로 인해 엄마에게 수없이 혼이 났지만 머리카락을 뽑는 행동은 자신이 유일하게 할 수 있는 스트레스를 해소하는 방법이었고 결코 멈출 수 없었다.

엄마와의 관계에 있어 민준이의 마음속에 담아 두었던 분노를 해소하는 절차를 진행했다. 아이이기 때문에 어른들의 '용서 테라피'와는 세부적인 절차가 다소 다를 수 있지만, 전체적인 맥락에서 어른들의 그것과 크게 다르지는 않다.

그동안 강한 엄마에게 한 번도 반항하거나 자신의 의견을 이야기해 본 적 없던 아이는 최면 속에서 마주한 엄마의 이미지 앞에서도 머뭇거리며 해야 할 말을 하지 못했다. 민준이가 마음에서 떠올린 엄마의 모습은 매우 강압적이었다.

분노를 해소하는 용서 작업은 민준이 또래의 아이들에 비해 더욱 많은 시간이 소요되었다. 그렇지만, 아이의 마음속 엄마와의 갈등은 하나하나 해소되어 갔다. 마음속의 엄마는 결국 어린 민준이에게 사과했고 아이 역시 그것을 받아들였다.

상담을 마친 후 최면에서 돌아 나온 민준이는 속이 후련하다고 말하며, 뭔가 바뀐 것 같다고 말했다.

일주일 뒤 두 번째 상담을 위해 엄마와 민준이를 만났다. 본격적인 최면상담을 시작하기 전, 먼저 엄마와 대화를 나누었다. 엄마는 지난번 1회기의 중간상담 결과에 대해 만족스럽지 않은지 비판적인 자세를 유지하며 말했다.

"애가 지난주에 상담받고 3일 동안 머리카락을 안 뽑아서 좀 고쳐졌나 보다라고 생각했는데, 4일째부터 다시 머리카락을 뽑아요. 정말 미치겠어요. 저 애는 안 되는 건가요?"

엄마 역시도 아이에 대한 스트레스가 극에 달한 듯 보였다. 흥분한 엄마를 진정시키고, 민준이와 상담 후 다시 대화를 이어나가자고 했다.

엄마가 나가고 상담실로 들어온 아이는 자리에 앉자마자 역시 엄마가 했던 말투와 행동을 마치 옆에서 보고 온 것처럼 그대로 따라 했다.

민준 : 선생님! 정말 미치겠어요. 지난번에 선생님과 상담할 때 엄마가 분명히 미안하다고 이야기했잖아요. 선생님이 증인이죠?
상담사 : 그랬지. 그런데 무슨 일이 있었어?
민준 : 엄마가 3일 동안은 잔소리 안 했는데, 4일부터는 저에게 또 다시 엄청난 잔소리를 했어요. 제가 지금 학원만 일주일 동안 열 군데 넘게 다니고 있거든요? 제가 좀 쉬고 싶다고 하니까 엄마가 절대로 안 된다고 했어요. 오히려 한 군데 더 다니라고 이야기했어요. 전

너무 힘들어요.

아이의 이야기들 들으면서, 지난번 상담 때 민준이의 마음속 엄마와 용서 작업을 진행하면서 세부절차 한 가지를 빠뜨렸다는 걸 알아차렸다.

민준이가 최면에서 만난 것은 실제의 엄마가 아니다. 아이가 지난 상담에서 다룬 것은 마음속에 있는 내사된 엄마의 이미지이다. 따라서 실제 현실로 돌아갔을 때 현실 속의 엄마는 여전히 같은 행동을 반복하게 될 수 있다.

KMH 전문가 그룹이 행하는 용서 테라피에서는 이런 변수에 대응하기 위해 행하는 세부절차가 있는데 지난 상담에서 시작 전 대화가 길어진 탓에 작업시간이 줄어들어 시간에 쫓겨 마무리하다 보니 해당 절차를 빠트렸던 것이다. 그래서 이번 상담에서는 보다 여유롭게 아이의 나이와 수준에 맞추어 세부 절차들을 신경 쓰며 꼼꼼하게 마무리했다.

민준이와의 두 번째 최면상담이 끝난 뒤, 곧바로 엄마와 상담이 이어졌다. 이런 문제일수록 아이와 가장 밀접하게 지내며 영향을 미치는 부모님의 인식과 협조는 더없이 중요하기 때문에 적절한 간접적인 최면기법들을 활용하여 엄마와 진지한 대화를 나누었다.

어른들도 마찬가지겠지만, 특히 아이들은 주위 환경에 많은 영향을 받는다. 상담으로 극적인 변화가 일어나더라도 환경적인 협조가 이루어지지 않는다면 새로운 문제가 생기거나 예전과 유사한 문제로 돌아갈 수 있기에 엄마와 이것에 대해 충분한 이야기를 나누었다.

그동안 아이의 눈에 비친 엄마의 행동에 관한 이야기, 아이가 가졌던 엄마에 대한 분노와 실망감 등 그동안 민준이가 힘들어했던 속마음에 대해 이야기를 해 주었다.

엄마는 그동안 미처 돌아보지 못하고 무의식적으로 행했던 자신의 말과 행동, 아이에게 끼쳤던 부정적인 영향력 등에 대해 깨달으며 크게 통찰한 듯 보였다.

상담실에서 이야기를 나눈 대로 그날 저녁 집으로 간 엄마는 아빠와 진지하게 많은 이야기를 나누었고, 부모는 아이에게 무릎을 꿇고 진심으로 미안하다고 사과하고 포옹했다.

그리고 민준이가 원치 않는 학원은 모두 다니지 않아도 좋다고 이야기했고, 아이는 영어와 수학학원 두 군데를 제외한 모든 학원은 다니지 않기로 협의했다.

일주일 뒤 세 번째 상담에서 만난 민준이는 엄마가 자신에게 사과했다며 기분 좋다고 말했다. 그리고 여전히 남아 있는 감정문제와 연관된 내면의 잔여 감정들을 하나씩 꼼꼼히 제거하고 상담을 종료했다.

이제 아이는 더 이상 머리카락을 뽑는 것으로 스트레스를 해소할 필요가 없었다. 늘 학원 다니기 바빠 쉴 시간도 없어 힘들었는데 이제는 집에서 TV도 볼 수 있고, 친구들과 떡볶이도 먹을 수 있어 행복해했다. 민준이의 머리카락을 뽑는 습관은 사라졌다.

1년이 지난 어느 날, 민준이의 엄마로부터 한 통의 전화를 받았다.

전화기를 통해 들려오는 엄마의 목소리는 완전히 다른 사람처럼 느껴졌다. 아이뿐만 아니라 엄마의 변화도 느껴졌다. 수화기 속 엄마의 목소리는 매우 부드럽고 공손했으며 예의를 갖추고 있었다.

"원장님과 1년 전 상담이 끝나고 나서부터 아이가 머리카락을 뽑지 않았어요. 아주 가끔 몇 가닥이 발견되어서 민준이에게 물어보면, 머리가 가려워서 긁다가 빠진 거라고 하더라고요. 그리고 1년 동안 단 한 번도 머리카락을 스스로 뽑은 적도 없었어요. 지금은 머리가 많이 자랐고 머리숱도 이전처럼 풍성하게 자라고 있어요. 정말 감사합니다."

이런 문제는 아이들뿐만 아니라 성인에게서도 심심찮게 볼 수 있다.
습관이라는 이유로 고칠 수 없다고, 머리카락을 뽑는 것은 당연하다고 생각하는 또 다른 사람이 있었다. 30대 후반 전문직에 종사하는 박보성(가명) 씨는 11살 때부터 머리카락을 뽑았고, 그 습관은 무려 27년 동안 이어져 오고 있었다.
머리숱은 거의 남지 않았고 보성 씨는 머리카락 뽑는 것에 그 무엇보다 재미를 느꼈다. 특히 모근까지 뽑은 다음 그 모근을 입으로 가지고 가 잘근잘근 씹어 먹을 때 그 맛을 느끼는 것이 좋아 계속해서 모근까지 뽑았다. 왜 그걸 씹어 먹느냐는 질문에 모근에 영양이 다 있기 때문에 영양을 흡수하기 위해서 모근을 꼭 씹어 먹는다고 말했다. 그는 모근이 뽑히지 않으면 실망감을 느꼈고 뿌리까지 잘 뽑힐 수 있도록 다시 조심해서 머리카락을 뽑았다.

그는 우울감의 문제로 고통스러워서 상담을 진행했지만 그 과정에서 발모광의 원인도 함께 찾을 수 있었다. 그 우울의 원인은 엄마에 대한 분노와 원망, 그리고 어린 시절 친구들에게 당한 왕따로부터 자신을 지켜주지 못한 버림받은 느낌에 대한 복수심이었다.

그 역시 엄마에 대한 용서 테라피를 마무리한 후에야 비로소 머리카락을 뽑는 습관에서 자유로워질 수 있었다.

머리카락을 뽑는 습관과 관련된 사례는 남녀를 불문하고 다양하게 발견된다. 30대 공무원인 서영지(가명) 씨 역시 머리카락을 오랜 기간 뽑아왔다. 하지만 그녀는 다른 내담자들과 조금 다르게 많은 양의 머리카락을 뽑지는 않았지만, 적은 수의 머리카락이라도 반드시 모근까지 뽑혀야만 스트레스가 해소된다고 했다.

그리고 그녀 역시 오랜 시간 동안 머리카락을 뽑아왔기에 발모광이라는 습관 자체는 스스로 크게 문제 삼지 않았다. 단지 그녀는 불안감이 심해 상담받길 원했고, 그 원인을 해소했다. 그의 불안감의 원인은 가족관계와 연관되어 있었다. 부모에게 인정받기 위해 노력했지만, 섭게 인정받을 수 없었고 늘 가족 내에서 위축되고 자신감이 없었다.

이런 가족과의 관계에 있어 상담을 풀어나갔고, 그 결과 그녀 역시 불안감의 제거뿐만 아니라 머리카락 뽑는 행동까지 멈추게 되었다.

머리카락을 뽑는 습관은 발모광으로 불리는 일종의 강박장애 행동으로 나타난다. 발모광은 머리카락뿐만 아니라 눈썹이나 신체의 털을 뽑는 행동이며 일반적으로 아동기와 청소년기에 나타나고 여성에게 많이 발생한다고 알려져 있다. 정신분석적 입장에서 발모증은 어린 시절의 정서적 결핍 경험과 관련되어 있다고 한다. 또한 머리카락을 뽑는 행동은 처벌적인 어머니와 다시 결합하고자 하는 상징적 의미를 지니고 있다고 해석되거나 자기에 대한 증오심과 자기를 없애고자 하는 마음이나 사랑하는 대상의 상실에 대한 보상을 상징하는 것으로 여겨지기도 한다.

발모광의 대다수는 심한 스트레스를 받을 때 증상이 시작된다고 보고 있으며, 스트레스나 환경적인 요인이 크게 영향을 미친다. 성인이 되면 이 습관은 없어진다고도 하지만 실제 내담자를 만나면 그렇지 않은 경우를 종종 접한다. 모든 발모광의 원인을 정신 분석적 입장에서만 해석하고 단정 지을 수는 없다. 하지만 생각보다 많은 사람이 이런 고통에서 벗어나지 못하고 있으며 단순히 가벼운 습관으로 방치해 두기에는 많은 고통이 뒤따를 수 있다.

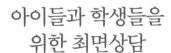

아이들과 학생들을
위한 최면상담

문동규
한국 현대최면 마스터 스쿨 서울센터

아이들과 학생들의 경우 최면상담의 혜택을 더욱 크게 누릴 수 있다. 아이들의 대부분은 어른들의 고착에 비해 유연한 편이며 그 변화의 가능성이 더욱 열려있다.

서울과 부산에서 최면상담 센터를 운영해온 지난 15년여의 기간 동안 성인뿐 아니라 다양한 아이들과 학생들 역시 만나왔다. 그리고 그들의 극적인 변화 사례들은 별도의 책으로 다루어도 될 만큼 풍부하다.

아이들의 상담인 경우 대부분 부모님 중 한 분이 주도적으로 상담요

청을 하는 경우가 많다. 그중에는 아이 스스로가 특정한 부분에 대해 어려움을 호소하고 개선이나 변화의 의지를 가진 경우도 있지만, 아이의 의사와는 무관하게 부모님의 일방적인 시각이나 결정으로 상담을 요청하는 경우도 많다. 이런 경우 대부분 최면에 대한 오해를 기반으로 문의를 주시는 경우이다. 예를 들어 '우리 아이가(이러이러한~) 문제를 갖고 있는데, 최면을 걸어서 확 바꾸어주세요.'와 같은 경우이다.

최면은 한쪽에서 일방적으로 걸고 걸리는 그런 단순한 작용이 아니다. 이것이 최면에 대한 잘못된 인식임에도 불구하고 여전히 많은 사람의 뇌리에는 영화나 드라마, 소설 등을 통해 형성된 왜곡된 이미지가 각인되어 있는 것이다.

아이 스스로가 해당 주제에 대해 인식하고 있고 상담을 통한 변화를 원하기만 한다면 최면상담은 정말 한 사람의 인생을 바꿀만한 강력한 도구가 될 수 있다. 아이들의 최면에서 많이 요청받는 주제 중 하나는 학교성적에 대한 것이다. 실제로 시중에는 이것과 관련된 많은 최면 암시문들이 나와 있으며, 특정 리서치나 연구에서는 최면의 효능을 측정하기 위해 학생들에게 일정 기간 동안 이런 학습력 암시를 주고 집중력이나 학습력 등 그 변화의 폭을 측정하여 최면의 효과성을 입증하려 하기도 한다.

그러나 KMH 전문가 그룹에서는 동일한 주제의 접근에서 최면사가 일방적으로 암시문을 읽어주는 식의 기법을 주기법으로 삼지 않는다. 왜냐하면 아이들이 겪는 대부분 문제의 이면에는 '감정적인 블록(장애물)'들이 존재하기 때문이다.

현대를 살아가는 많은 아이들은 어른들이 느끼는 그 이상의 크고 작은 각종 스트레스에 노출되어 있다.

놀라운 것은 이러한 아이들 내면에 있는 감정적인 충돌이나 장애물들을 제거시켜 주었을 때, 아이들의 변화의 폭은 단순히 집중력과 학습력이 올라가는 암시를 주었을 때와는 비교할 수 없을 정도로 크다는 사실이다. 심지어 학습력이나 공부 등에 대한 얘기를 한 마디도 꺼내지 않고 아이의 감정들만 다루어주고 내적인 마음의 통합을 이루어준 상담에서도, 성적이 만년 중하위권에 머물던 아이들이 중상위권으로 상승하는 경우들을 어렵지 않게 볼 수 있었다.

물론 성적에 영향을 주는 학습방법에 대해 최면 상담사가 직접적인 도움을 줄 수는 없다. 그것은 특정 학습방법을 받아들이는 아이의 마음상태가 가벼워지고 자유로워짐으로써 그런 변화의 결과로 이어진 것이라 할 수 있다.

단순히 학습에 대한 좋은 암시를 들려주는 것 보다 아이의 무의식에서 스트레스가 경감되고 건강한 자아 존중감을 되찾는 것이 더 핵심이 되어야 한다는 것이 저자의 경험에서 얻은 지론이다. 요즘의 아이들치고 머리가 나빠서 공부를 못하는 아이는 없다고 생각한다. 그리고 공부나 성적이라는 것이 그 아이의 영감과 머리를 대변할 수 없다고 생각한다.

또한 어린아이들뿐만 아니라 청소년들의 경우 학업과 심리적 압박에서 오는 각종 스트레스나 시험불안 등 다양한 문제들을 호소하기도 한다. 어떤 수험생은 시험장에서 시험지를 받는 순간 갑자기 눈앞이 하얘지는 문제를 호소하기도 하고 어떤 학생은 시험준비 기간에 들어가게 되는 순간부터 감당할 수 없는 불안감에 사로잡히기도 한다. 대부분의 경우 이런 문제들은 1회~3회기 이내의 짧은 최면상담으로 극복된다.

시험불안과 같은 문제들은 특정한 상황에서 특정한 반응이 나오는 문제로 최면 상담사의 입장에서 비교적 가벼운 주제라면, 보다 근본적이고 눈여겨보아야 할 문제 상황들이 있다. 그것은 바로 자신에 대한 제한적인 신념이나 부정적인 자아상의 문제들이다.

저자와 상담했던 한 고등학교 여학생은 자신이 공부를 너무나 열심히 하는데도 성적이 나오지 않는다며 투덜거렸다. 물론 그것이 단순히 자신에게 맞는 학습법을 찾지 못했기 때문일지도 모른다. 그런데 이 학생과 이야기를 나누며 그 아이의 이면에 '난 머리가 나빠, 그래서 공부를 해도 성적이 나오지 않는 게 당연해. 이게 내 한계야.'라는 제한적인 신념을 갖고 있다는 사실을 발견했다.

우리는 이 주제를 다루었고 최면상담을 통해 그것이 성장과정에서 부모님과 선생님 등을 거치며 반복적으로 각인된 부정적인 암시들이 원인이었음을 알게 되었고 이 신념을 성공적으로 제거했다. 이제 그 여학생은 자신을 머리가 나빠서 해도 안 되는 아이가 아닌 노력한 만큼 나아갈 수 있는 사람으로 자신을 인식할 수 있게 되었다.

또 다른 고등학교 남학생과의 상담 중에 이런 일도 있었다. "너는 자신에 대해 어떻게 생각하니?"라고 질문했을 때, 그 학생은 망설임 없이 이렇게 답했다.

"전 인간쓰레기예요!"

지금 이 학생이 말하는 것은 자신에 대한 자아 이미지이다. 이 학생은 자신의 정체성을 '인간쓰레기'로 규정하고 있는 것이다. 이 학생에게 가장 중요한 것은 당장 눈앞의 점수 1점이 아니라 자기 자신에 대한 인식을 변화시키는 것이다. 이것이 변하지 않는다면 이 학생이 앞으로 성인이 되고 사회생활을 하게 되더라도 무의식 깊은 곳에서 한 사람의 인생 전반에 걸쳐 악영향을 미칠 것이기 때문이다.

우리의 내면에서 정체성의 레벨은 매우 상위에 있는 부분이다. 이것은 자신의 신념이나 가치관, 뭔가를 할 수 있는 능력, 실제 행하는 행동, 현실적인 주변 환경에 이르기까지 절대적인 영향력을 행사한다.

자아 존중감이 높은 사람들은 인생에서 동일한 고난을 만나더라도 그것을 극복해낼 수 있는 심리적인 면역력 자체가 다르며 이것은 우리 삶의 매우 중요한 중심을 결정짓는다. 따라서 이런 학생들이 자신에 대해 보다 건강한 자아상을 갖게 된다면 자아 존중감은 높아질 수 있을 것이고 진심으로 자기 자신을 있는 그대로 사랑할 수 있게 될 것이다.

물론 이러한 언급들은 대부분의 성인 내담자들에게도 중요한 부분이지만, 아이들이나 청소년들의 최면상담에서 각별히 신경 써야 하는 부분이다.

이러한 종합적인 접근과 단순히 목적 지향적인 긍정 암시만을 반복하는 단편적인 작업은 양측 모두 똑같은 '최면상담'이라는 이름으로 불리겠지만, 실제 내용을 들여다보았을 때 그 깊이는 하늘과 땅의 차이만큼이나 크다.

또한 이러한 상담뿐 아니라 아이들이나 청소년들과 가장 가까운 곳에서 영향력을 주고받는 부모님과 선생님의 역할 또한 매우 중요하다. 최면 상담사는 짧은 회기동안 깊이 있고 집중적인 상담을 진행하면서 감정적 해소와 변화를 이끌어 내겠지만, 아이들에게 가장 밀접한 가족이나 부모, 선생님과 보내는 시간은 상담회기에 비할 수 없이 장기적이고 지속적이기 때문이다. 따라서 그런 부모나 선생님의 변화나 동참은 아이의 변화에 날개를 달아줄 것이다.

상실에 대한
슬픔과 최면상담

문동규
한국 현대최면 마스터 스쿨 서울센터

일반적으로 부모나 자식 등의 가족이나 가까운 지인 등 사랑하는 사람이 사망하는 것은 큰 슬픔과 상실감을 느끼게 하고 나아가 무의식 속에서 큰 스트레스로 작용할 수 있다. 특히 그 사인이 자살이나 예상치 못한 갑작스러운 사고 등이라면 그 충격은 더욱 크게 다가오는 경우가 많다.

많은 사람이 시간이 지나면 이런 감정들이 많이 희석되고 사라질 것이라고 생각하지만, 무의식 속에 깊이 남아 있는 연관된 슬픔과 안타까움, 죄책감, 분노 등은 시간이 지나도 쉽사리 사라지지 않는다. 아니,

평생 우리의 마음속에서 무의식의 일부로 남아 지속적인 영향을 끼친 다는 것이 더 정확한 표현일 것이다.

우리의 마음속에서 해결되지 못한 어떤 과제는 더욱 큰 가치를 지닌 다. 식당에서 주문을 받는 직원은 각 테이블에서 주문을 받고 음식값을 계산하기 전까지 해당 메뉴를 귀신같이 기억한다. 그러나 대부분 그 기 억은 계산이 끝나는 순간 사라진다. 손님이 계산을 하기 전까지는 마음 속에서 마무리되지 않은 과제이므로 더욱 힘주어 잡고 있게 되는 것이 다.

이런 현상을 발견자인 독일의 심리학자 블루마 자이가닉(Zeigarnik) 의 이름을 따 '자이가닉 효과'라고 부른다.

과거에 이루어지지 못한 첫사랑의 기억이 오래가는 이유도 동일한 현상이다.

첫사랑에 대한 기억이나 갑작스러운 일로 죽음을 맞이한 지인에 대 한 기억 등은 마음속에서 뭔가 마무리가 되지 못했다는 공통점이 있다. 그만큼 무의식에서 큰 가치를 지니며 그것을 잡고 있을 가능성이 큰 것 이다. 이 경우에도 최면상담은 내담자가 그런 기억과 감정으로부터 자 유로워지게 하는 데 큰 도움이 된다.

최면상담은 이렇게 완결되지 못해 평생을 지속하던 마음속의 에너 지를 마무리 짓도록 도울 수 있다. 예를 들어 불의의 사고로 자식을 잃 은 슬픔이나 낙태경험을 통해 지니고 있는 아이에 대한 죄책감, 가까운 지인의 자살로 인한 상실감 등 삶에서 일어날 수 있는 다양한 문제들에 적용할 수 있다.

그리고 내담자는 그것이 마음에서 마무리되는 순간 비로소 과거의 순간으로부터 자유로워질 것이다. 이것은 머리가 아닌 가슴, 즉 무의식 차원에서 일어나야 하며 그것을 다루는 가장 효과적인 방식 중 하나가 바로 '최면상담'이다.

유사한 고통을 호소하는 많은 내담자가 있었다. 심각한 경우 삶의 전반이 무너질 정도로 자신을 휘청거리게 하는 경우들이 많았다. 최면상담 과정에서 이들이 과거의 고통을 비로소 놓아줄 수 있게 되고 그것으로부터 자유로워지는 과정들을 보면서 저자 역시도 자신의 많은 것을 돌아보게 된다.

내 안에서 미해결된 과제는 무엇인가? 또 나는 무엇을 힘주어 잡고 있는가?

PART 2

복합 감정들을
해소하는
종합 최면상담

———

PART 2에 등장하는 사례들은 복합 감정이나 원인을 발견하고 해소하는, 최면 상담사의 입장에서 보다 난이도가 높은 복합적인 문제구조를 가진 사례들이다. 이것은 문제의 표면적 징후가 아닌 '구조'에 초점을 둔 카테고리이다. 즉, 표면상 비슷해 보이는 문제라 하더라도 각 문제들의 내부구조는 차이가 있을 수 있다. 이런 상담들은 보다 큰 그림을 갖고 접근하는 종합적인 최면상담이 적용되어야 한다.

이 장의 종합상담 사례들은 3시간 1회기 단위의 기준으로 진행된 사례이다. 일반적으로 이런 종류의 종합 상담은 개인의 문제의 정도, 사고성향 등 개인에 따라 평균 3~6회기 정도의 회기가 소요되지만, 일부의 사례는 그 이상의 회기가 소요될 수도 있다는 점을 참고하기 바란다.

우울과 불안, 그리고
직장 부적응

문동규
한국 현대최면 마스터 스쿨 서울센터

첫 번째 최면상담

30대 후반의 기현(가명) 씨는 어린 시절부터 이유를 알 수 없이 지속
되어 온 만성적인 불안감과 우울감이 있었다.

그는 이런 불안과 우울문제를 극복하기 위해 신경정신과에서 처방
받은 약을 3년간 복용했지만 근본적인 불안과 우울감은 사라지지 않았
다. 그는 이 문제를 해결할 방법을 찾던 중 명상이나 이완을 통한 자기
조절에 관심을 갖게 되었다. 그리고 기현 씨는 자신의 문제가 무의식의
경험이나 기억에 의해 학습된 문제라고 판단했고 무의식을 직접적으로

다루는 도구인 최면에 대해서도 관심을 갖게 되었다.

실제로 10년쯤 전에는 TV 출연을 통해 유명해진 한 최면사를 찾아가 최면상담을 받은 적도 있었다. 당시에 받았던 최면상담은 15분 정도의 시간 동안 '당신은 더 이상 불안하지 않다.'라고 하는 형식의 직접적인 암시를 반복하는 것이 전부였고 그는 아무런 변화나 효과도 느끼지 못했다.

그가 최면에 대한 자신의 경험을 내게 말할 때, 그는 마치 또 그런 일이 여기서 또 반복되면 어쩌나 하는 듯한 눈빛으로 나를 바라보았다. 최면 상담사의 입장에서는 내담자가 차라리 과거에 최면과 연관된 어떤 경험을 하지 않고 오기를 바란다. 왜냐하면 좋은 경험을 했다면 이미 상담이 잘 마무리되어 여기까지 오지도 않았을 것이고, 부정적인 경험을 했다면 오히려 최면에 대해 오해나 편견, 부정적인 이미지가 더 강할 것이기 때문이다. 이 경우 최면에 대해 경험이 없는 사람들보다 더욱 더 최면 전에 하는 면담에 노력과 정성을 들여야 한다.

그에게 그것이 다소 오래전의 경험이었다는 것은 그나마 다행인 점이었다. 그리고 대화를 통해 알게 된 사실은 당시에 그를 상담했던 최면사가 최면 사전면담 자체를 제대로 행하지 않았던 것과 해당 최면사가 기현 씨가 원하는 것과는 완전히 다른 그릇된 방식으로 접근했다는 사실이었다.

최면은 걸고 걸리는 경진대회 같은 것이 아니라 내담자의 허용 여부에 의해 유도과정의 결과가 좌우되는 것이므로, 유도절차에 앞서 최면에 대한 내담자의 오해와 두려움을 제거하는 것은 무엇보다 중요한 과정이다. 그러기 위해서는 먼저 최면사 스스로가 최면에 대한 현대적 패러다임을 명확히 이해하고 있어야 한다. 최면사가 먼저 이것을 확립하지 않은 경우 이미 그 출발선부터 어긋나 버리기 때문이다. 내담자가 가진 오해가 사라지면 두려움을 만들 필요가 없어진다. 그리고 이것은 내담자와 상담사 사이의 커뮤니케이션 질을 향상시키며 곧 최면 암시 감응 수준의 향상으로 이어진다.

다행스럽게도 그는 나의 말을 잘 이해했고, 충분히 준비절차를 통과할 수 있었다.

그에게 우울과 불안함은 가장 크게 해결하고 싶은 우선순위의 주제였지만, 만약 순조롭게 진행되어 시간적인 여유가 된다면 다른 감정적인 문제들도 추가로 다루었으면 했다. 그는 우울과 불안함 뿐 아니라 직장에서의 분위기상 심리적으로 적응하기 어려운 문제가 있었고 이유를 모르는 막연한 답답함이 함께 있다고 했다. 그는 그런 직장 부적응에 대한 원인을 찾고 싶어 했다. 이러한 부분 외에도 소변을 볼 때마다 수월하게 볼 수 없는 심리적인 어려움을 호소했고, 고소 공포증까지 갖고 있었다.

기현 씨는 이렇게 여러 가지 복합적인 종류의 심리적인 문제들을 호소했지만, 최면은 한 번에 한 가지 주제로 진행되는 것이 일반적이기에 그와의 충분한 대화로 우선순위부터 하나씩 다루어나가는 것에 동의했다. 사전작업 덕분에 그는 최면유도에 잘 따라와 주었고 섬냄뷸리즘(깊은 최면)의 초입정도 깊이를 확보한 다음 본격적인 작업을 시작했다.

첫 회기에서 드러난 것은 태어나면서 죽었다고 들었던 얼굴도 모르는 자신의 형에 대한 감정과 돌아가신 큰아버지에 대한 감정이었다. 그의 내면 파트들이 지닌 내사물에 대한 감정을 해소하는 과정을 거쳤고 특히 이 과정에서 형에 대한 내사와 연관하여 형이 당시에 탯줄이 목에 감겨서 답답하게 숨도 못 쉬고 죽었다는 표현을 했다. 물론 이것은 그의 내면이 만들어낸 이미지일 뿐이다.

모든 감정을 해소하는 절차 이후 최면에서 각성한 그는 한결 편안해졌다면서 활짝 웃는 표정을 지었다.

두 번째 최면상담

일주일 후 두 번째 만남에서 기현 씨는 한 주 동안의 변화에 대해 중간 피드백을 주었다. 먼저, 평소 약을 먹지 않으면 견딜 수 없을 정도로 불안함이 있었지만 평소 체감하는 불안감의 50% 이상이 소실되어 3년간 먹던 약을 끊었다고 했다.

그는 한 번의 세션으로 이 정도의 변화가 나올 것이라고는 기대하지도 않았는데 이것만으로도 자신에게는 정말 큰 변화라고 했다.

지난주 내면 파트와 이야기했던 형에 대한 이야기는 어머니께 보다 정확히 물어본 결과, 탯줄이 목이 감긴 것이 아니라 산도에 목이 끼어서 사망한 것이라 했다. 그의 무의식이 표현한 이야기가 현실과 꼭 일치하지는 않았지만 어느 정도 유사성이 있는 부분이었다. 간략히만 언급했지만 최면에서 우리가 다루는 것은 팩트가 아닌 내담자의 무의식적 인지이다.

두 번째 회기에서는 남아 있는 불안과 우울 등에 대해 집중적으로 다루기로 했고, 최면유도가 시작되었다.

그는 역행 테라피를 통해 자신이 2살이었던 때 아버지가 술을 먹고 주사를 부리던 경험으로 돌아갔고 집기를 부수고 난동을 부리는 아버지에 대한 공포와 두려움을 발견했다. 걷지도 못하고 기어 다니는 아기의 눈에 아버지의 그 모습은 카메라에 찍힌 사진처럼 생생히 기록되어 있었다.

그리고 적절한 검증절차를 거쳐 확인된 ISE(최초 사건)는 그가 병원에서 갓 태어난 순간에 있었다. 출생 당시로 돌아간 그는 자기 주변에 있는 의사와 간호사들에 대해 세부적으로 묘사했고, 해당 의사가 엄마에게 하는 말을 들었다고 한다. 그는 이 아기가 예정보다 너무 일찍 나왔고, 아기가 울지도 않고 너무 작고 약해서 어쩌면 아기가 죽을지도 모른다며 엄마에게 위험성을 알리는 목소리가 들린다고 말했다. 그는 그 과정에서 극도의 두려움과 불안을 느꼈다.

나는 기현 씨의 성인 자아와 대화를 나누었고, 그는 평소 이유 없이 죽을지도 모른다는 불안함을 자주 느껴왔다고 말했다. 그리고 지금 이 장면에서 느껴지는 감정과 꼭 일치한다고 말했다. 그는 당시 의사의 죽을지도 모른다는 부정적 암시가 무의식에 남아 현재의 자신을 계속 괴롭혀 왔음을 알겠다고 말했다.

　나중에 알게 된 재미있는 사실은 출생 당시 기현 씨가 실제로 팔삭둥이로 태어났다는 사실이었고, 당시 의사가 어머니에게 했던 그 말은 이전에 누구를 통해서건 한 번도 들은 적이 없었다고 했다. 이것은 상담 이후 나중에 알게 된 사실인데, 그가 어머니를 만나 당시의 상황을 세부적으로 물어본 결과, 어머니가 기현 씨를 출산할 당시 실제로 의사와 그런 대화를 나누었다는 말을 듣게 되었다고 한다. 이런 이야기를 하는 본인 스스로도 이것에 대해 매우 신기해했다.

　뒤이어 몇 가지 후속 사건들에 대해 처리하는 과정에서 5살 무렵의 한 사건이 떠올랐다. 5살의 기현은 산 위의 절벽주위에서 쑥을 캐고 있는 엄마의 등에 업혀 있었다. 쑥을 캐던 엄마는 하던 일을 잠시 멈추고 신세 한탄을 하기 시작했다. 아빠 때문에 살기 힘들다며 죽어버리자는 말을 할 때 등에 업혀있는 아이는 죽기 싫다며 발버둥 치기 시작했고 절벽 앞에서 극도의 공포감이 엄습해 왔다.

　이 공포감을 처리하는 과정에서 기현 씨의 어른 자아는 "아~!"하는 소리와 함께 내게 말했다.

　"그랬네요, 이게 제가 가진 고소 공포증의 원인이었어요!"

　해당 사건에서의 통찰과 감정 해소가 이루어지고 나자 해당 장면에서의 엄마는 장난이라며 아이를 보고 웃고 있었다.

후속 사건들을 다루는 과정에서 기현 씨는 자신이 평소에 느껴오던 여러 가지 문제들의 뿌리가 되는 기억들을 발견했고, 그때마다 그는 짧은 탄식과 같은 소리를 내며 그것에 대해 통찰했다.

예를 들어 소변을 수월하게 볼 수 없고 어려움을 겪는 문제는 어린 시절 옷에 오줌을 쌌다고 엄마에게 심하게 혼이 나며 아이가 느꼈던 부끄럽고 위축되었던 경험과 연결되어 있었다.

또한 그가 알고 싶었던 직장에서 느끼는 막연한 답답함과 부적응 문제는 어린 시절 부엌에서 엄마의 설거지를 도와주려다 도리어 못한다고 크게 야단을 맞았던 경험과 연결되어 있었다. 그 일 이후 그는 뭔가를 할 때면 늘 마음은 잘하고 싶지만 왠지 모르게 실수해서 못할 것 같은 느낌이 들었고, 이후 어른이 되어 직장생활을 할 때조차 이런 느낌은 무의식적으로 반복되었던 것이다.

해당 사건들을 모두 처리하며 그날의 남은 절차를 모두 마무리했다. 이 과정에서 내적 통합을 이루는 작업과 내담자의 자아 존중감을 높여주는 작업이 이루어졌다.

최면에서 돌아 나온 그는 지금껏 살아오면서 이렇게 상쾌한 기분을 느낀 적이 없었다며 활짝 웃으면서 말했고 다음 상담시간까지 오늘 작업에 대한 피드백을 관찰하고 상담을 이어나가기로 약속했다.

최면상담, 특히 최면 역행 테라피는 끝이 나야 진짜 끝이 나는 것이다. 이렇게 상담 직후나 중간결과가 아무리 긍정적이라 하더라도 결과를 속단할 수 없으며, 이것이 일시적이지 않은지 놓친 부분이 없는지 영구적으로 이 결과가 지속될 수 있는지 구체적으로 관찰하는 것은 중요하다.

세 번째 최면상담

이 주 정도 후에 다시 만난 기현 씨는 2회기 상담을 마친 이후로 우울감이 완전히 소실되었고 더 이상 일어나지 않았다며 신기해했다.

반면 아직 남아 있는 불안감의 경우 뭔가 바뀐 것 같긴 하지만 오히려 더욱 심해진 듯 느껴진다고 했다. 왜냐하면 이전엔 심하지 않던 두근거림이 매우 크게 느껴졌기 때문이다.

비록 우울감이 사라졌지만, 불안감만을 떼놓고 본다면 상담 이후 더욱 나빠진 것이 아닌지 오해할 정도였다. 그러나 지난 시간에 진행했던 작업들의 내용을 이해한다면 오히려 이것은 긍정적인 반응이었다. 이것은 양파껍질이 벗겨지면서 속의 껍질이 겉으로 드러나는 것처럼 불안함의 양상이 변화한 것이기 때문이다. 오히려 이번 회기의 상담에서 이것은 기현 씨의 남아 있는 문제의 뿌리에 접근하는 것을 도와줄 것이다.

복합적인 문제나 양상을 가진 많은 내담자들의 종합상담을 진행하는 과정에서 유사한 일들은 종종 일어난다.

3회기의 핵심은 그에게 남아 있는 두근거림에 대한 뿌리를 뽑는 작업에 초점이 맞추어졌다.

지면 관계상 핵심적인 내용만 말한다면, 이 작업에서 그의 두근거림 파트가 핵심적인 인물로 꼽은 것은 두 명의 인물이었다. 한 명은 기현 씨와 나이 차이가 많이 나서 어린 시절, 아버지 대신 가장의 역할을 도맡았던 형에 대한 것이었다. 기현 씨는 그런 형을 존경했지만 그런 존경심의 이면에는 권위적으로 어린 기현 씨를 억누르던 형에 대해 두려운 감정과 함께 벽을 느끼며 분노의 감정을 갖고 있었다.

　그리고 또 한 명은 지난 상담에서도 나왔던 아버지에 관한 부분이었다. 어린 시절, 어머니와 형과 어린 내담자는 주벽이 심한 아버지를 피해 다른 곳으로 이동하며 살고 있었는데 어떻게 찾았는지 매번 아버지에게 그 장소를 들켰다고 한다. 그러한 경험이 몇 차례 반복되었는데 이상하게도 그 과정에서 매번 결정적으로 기현 때문에 아버지에게 들키게 되었다고 한다. 동네에서 아이들과 놀고 있다가 아버지에게 붙잡히거나 어린 기현의 뒤를 아버지가 미행하거나 했던 것이다. 그때마다 아이는 극심한 무서움과 불안함, 두근거림을 느끼게 되었고 그것이 지금의 남아 있는 불안함의 원인이었던 것이다.

　형과 아버지에 대한 작업과 해소과정을 진행하는 동안 그는 몇 번이나 '아하!! 그래서 그랬구나!!'라는 말을 연발하며 무의식과 의식을 아우르는 통찰을 했다. 그리고 순간 그는 이렇게 말했다.

　"선생님, 방금 가슴의 돌덩이 같은 것이 완전히 내려간 것 같아요!! 뻥~ 뚫렸어요!! 너무 시원해요!!"

　그렇게 기현 씨의 불안함과 가슴 두근거림은 완전히 사라졌다.

이로써 애초에 목표했던 목표는 이미 이루었다. 그렇지만 세션 시간이 남아 그가 부가적으로 개선되길 원하는 '직장에서의 부적응' 문제와 '이성에 대해 회피하려는 마음'에 대해 추가로 다루었다. 최면 작업은 원칙적으로 한 세션에서 이질적인 다른 주제의 작업을 섞지 않는다. 따라서 앞서 했던 작업에 영향을 주지 않으면서 다른 주제를 후속으로 다룰 수 있도록 고안한 특별한 기법을 적용했다. 시간이 충분하지 않을까 다소 걱정스러웠지만 의외로 이 두 가지 문제에 연관된 원인은 구조가 단순하여 짧은 시간에 쉽게 처리할 수 있었다.

예를 들어 이성을 사귈 때 접근을 못 하고 피하려는 성향의 경우 어린 시절의 화상 사건과 연관이 있었다. 기저귀를 차고 기어 다니던 한 살짜리 기현은 무심코 꽂아놓은 가열된 다리미를 끌어안아 버렸는데, 그 사건으로 인해 큰 흉터가 생기게 되었다.

그리고 어린 시절에는 흉터에 대한 어떤 자각이 없었지만 이후 자라면서 유치원 동급생인 한 여학생이 기현의 흉터를 손으로 만지게 되면서 자신이 왜 남들과 다른지, 이것에 대한 부끄러움이나 자각이 생겨난 것이다. 이후 기현은 자기도 모르게 좋아하던 여학생이 생기더라도 흉터 때문에 위축되고 놀라지 않을까 하는 걱정들이 올라왔던 것이다.

연관된 느낌과 감정들이 모두 정리되고 통찰한 그는 그런 일들을 겪고 힘들어했던 어린 시절의 자신을 만나 자기화해를 이루었고 적절한 방식으로 재통합되었다. 그렇게 그는 더 이상 이성에 대해서도 회피하지 않을 수 있었고, 회피할 필요도 없게 되었다. 직장에서 자신도 모르게 올라오던 그 느낌 또한 더 이상 반복해야 할 이유가 사라졌다.

새로운 인생을 다짐하며 최면에서 돌아 나온 기현 씨는 눈을 뜨고서 몇 번이나 나를 향해 고맙고 감사하다는 말을 연거푸 반복했다. 그 말을 하고 있는 그의 얼굴은 밝고 환한 표정을 짓고 있었다. 그는 자신의 가슴이 마치 뻥~ 뚫린 듯한 기분이고, 완벽하게 자신은 자유로워졌다고 선언했다.

또 한 편의 드라마가 끝이 났다.

만약 기현 씨가 1회차나 2회차에 섣불리 판단하고 작업을 중도 포기했더라면 결코 이러한 결과를 얻지 못했을 것이다. 이렇게 원인을 밝히는 근원적 작업은 끝이 나야 끝이 나는 것이다. 가끔 세션이 종료되지 않았는데도 이러한 접근법에 대한 비정상적인 기대감으로 인해 고지를 눈앞에 두고 중도 포기하거나 다른 종류의 방법을 찾는 내담자들을 보고 있으면 매우 안타까운 순간들이 있다. 대개 그런 내담자들의 경우 어떤 접근을 하더라도 발만 담가보고 빼버리는 경우가 많기에 결론적으로 더 많은 시간과 비용을 소요하는 경우가 많다.

그러나 그런 결정 또한 내담자 스스로가 내린 선택이기에 그 선택 또한 존중해야 한다. 최면 역시 만능이 아니며, 우리는 남의 인생에 강제적으로 개입하는 사람들이 아닌 그저 그런 이들을 지원하는 기술자일 뿐이기 때문이다.

KMH의 종합 최면상담은 이렇게 복합적인 상담이라 하더라도 구조적인 최면상담을 적용했을 때 특별한 경우들을 제외하고는 보통 3~6회 이내에 마무리되는 경우가 많다. 문제를 지니고 키워온 기간에 비한다면 이 회기들은 오히려 기적과 같이 짧은 회기에 속할 것이다.

최면에 대한 이해와 작업에 대한 협조성과 상담자를 믿고 끝까지 따라와 준 덕분에 기현 씨는 수십 년간 지속해 온 마음의 병과 독성을 가진 약으로부터 자유로워질 수 있었고 새로운 삶을 선물 받았다.

이렇게 최면상담은 상담자와 내담자가 함께 만들어가며 조화를 이루는 작품과 같다. 자유로움을 선택한 그를 바라보며 내 마음 또한 자유로워지는 듯 가벼워졌다.

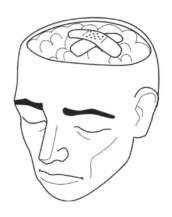

감정 폭식과
급격한 체중증가

문동규
한국 현대최면 마스터 스쿨 서울센터

첫 번째 최면상담

진희(가명) 씨는 40대의 여성으로 처음 최면상담을 의뢰할 때는 단순히 다이어트와 관련한 상담을 원했다. 그런데 그녀와 상담카드를 작성하며 대화를 나누면서 이것이 단순한 다이어트 문제가 아님을 알게 되었다.

진희 씨의 말에 의하면 약 6개월 전부터 마치 우울증에 걸린 것처럼 우울한 기분에 압도당했고 그 이후부터 갑자기 체중이 심하게 불면서 평시 체중의 10kg 이상을 넘어버렸다고 했다. 밤만 되면 통제할 수 없는 식탐으로 견딜 수 없이 힘들어져 말 그대로 닥치는 대로 음식을 먹으며 폭식을 했고 그것은 단기간에 급격한 체중증가로 이어졌다고 했다.

첫 번째 상담은 원인을 밝히기 위해 역행 테라피를 사용한 최면분석을 행하기로 했다. 연령역행을 통해 드러난 사실은 그녀가 3살~5살가량의 유아였을 때의 몇몇 사건들이었다. 당시의 어린 진희 씨는 이상하게도 먹는 것을 빼앗기는 것에 대한 과민반응이 있었다.

예를 들어 3살의 진희는 국에 밥을 말아 먹으면서 배가 터질 것처럼 부른데도 내 것에 대한 집착으로 계속해서 멈추지 않고 밥을 먹고 있었다. 최면 속에서 3살 시점을 재경험하던 그녀는 이 과정에서 "내꺼야!"라고 소리치며 눈물을 보일 정도였다.

결국 밝혀진 원인을 종합해 보면 그녀가 갓난아기일 때 엄마가 젖이 많이 나오지 않아 충분히 먹일 수 없었고, 그것이 진희 씨의 먹는 것에 대한 집착으로 이어진 것이었다. 그리고 이것은 성인이 된 이후, 6개월 전 남동생의 결혼으로 인해 가족, 친지들이 한자리에 모여 잔치를 하던 상황과 연결되었다. 평상시 정말로 격 없이 절친하게 지냈던 동생이 갑자기 장가를 간다고 하니 그녀의 마음은 마치 하루아침에 동생을 빼앗기는 듯 느껴졌다. 그리고 그녀의 무의식은 유아시절에 겪었던 빼앗기는 것에 대한 느낌과 이것을 일치시켰던 것이다.

그녀는 최면상태에서 남동생의 결혼과 관련해 느꼈던 기분이 유아시절의 느낌이었다는 것을 깨달았고 그렇게 참을 수 없는 식탐이 올라왔던 이유에 대해 통찰했다.

    진희 씨는 그동안 이해할 수 없었던 자신이 행동에 대한 모든 이유를 알 것 같았다. 그러나 그녀의 급격한 체중증가에는 또 다른 요인이 영향을 주고 있었다. 그것은 직장에서의 스트레스였다. 그녀는 직장에서 업무 중 특정 사안에 대한 처리를 상사에게 보고하지 않고 관행에 따라 자신의 임의로 그것을 처리했었는데 마음의 이면에는 그것에 대한 죄책감을 안고 있었다. 그래서 그녀의 작업은 앞의 사건들에 대한 해소뿐 아니라 직장사건에 대한 죄책감의 해소와 그 죄책감으로 인해 자신을 벌주려는 마음 또한 함께 다루어야만 했다.

    간단히 요약했지만 이 작업은 ISE(최초의 사건)에 대한 검증 및 해소 과정과 SSE(후속 사건)와 SPE(징후 초래사건)를 밝히고 해소하는 과정, 다중적인 ISE를 처리하고 내사대상을 용서하고 나아가 자기 자신을 용서하는 다소 복잡한 과정들을 거친 구조적인 작업이었다.

    진희 씨는 미래의 상황을 통제하고 있는 변화된 상황들을 스스로 떠올렸으며 이 세션이 단지 살을 빼기 위한 세션이 아니라 '자기 자신에 대한 통제권'을 되찾기 위함이라는 점을 분명하게 인식했다.

    최면에서 돌아 나온 그녀는 기분이 아주 좋아 보였다. 그러나 앞서 언급한 것처럼 원인을 찾는 최면상담은 끝이 나야 진짜 끝나는 것이므로 섣부르게 생각하고 안심하기보다는 다시 만날 때까지 중간 피드백을 지켜보기로 했다.

두 번째 최면상담

열흘 정도 지난 후 다시 만난 진희 씨는 그동안 과식충동이나 폭식이 현저하게 개선되었다고 말했다. 우선 복잡한 생각이 많이 정리되었고, 식탐이 크게 줄어서 원래부터 아주 좋아했던 음식에 대해서만 약간의 먹고 싶은 마음이 생긴다고 한다.

이것에 대해 2회기에서 더욱 꼼꼼한 작업으로 확실히 마무리하기로 동의하고 본격적인 최면상담에 들어가려는 찰나, 그녀는 갑자기 이렇게 말했다.

"아 참, 근데 이상한 일이 있었어요. 제가 사실 고질적이고 정말 심한 변비가 있었거든요. 근데 글쎄 희한하게도 생각지도 않았던 그 변비 증상이 사라졌어요. 정말 고질적이라 그동안 건강식품이며 한약이며 좋다는 건 안 해본 게 없을 정도였는데… 제가 3살 적에 갖고 있던 내 것에 대한 집착을 내려놓으면서 이것도 같이 내려놓았나 봐요…. 정말 신기해요"

우리가 흔히 몸과 마음은 하나라고 말하는 것처럼, 우리의 몸과 마음은 같은 시스템을 공유하는 두 가지 양상이다. 실제로 종종 이렇게 한 쪽 측면이 개선될 때 예상치 못한 다른 측면의 문제가 자동으로 개선되기도 한다. 즉, 마음이 개선되면서 생각지 않았던 신체적인 어떤 부분이 좋아지기도 하고, 반대로 몸이 좋아지면서 심적인 부분이 개선되기도 한다.

그녀는 나의 안내에 따라 곧 깊은 상태에 들었고, 나는 파츠 테라피 기법을 사용하여 그녀의 내면에서 아직 조금 남아 있다고 느끼는, 저녁 시간 때 식탐을 일으키게 하는 마음의 부분을 찾아냈다.

그 일을 열심히 하고 있는 진희 씨 마음의 부분은 자신을 '식탐' 파트라는 이름으로 불러달라고 했다. 본래 자신이 하는 일은 이 사람이 즐겁게 일하게 하는 것인데 작년부터 직장 분위기가 예전과 같지 않고 스트레스를 많이 받게 되어 임무가 바뀌었다고 말했다. 그러면서 직장에서의 상황이나 몇몇 인물들과 관련한 고충과 스트레스들을 호소했다.

몇몇 적절한 기법들을 적용하자 '식탐' 파트는 비로소 자신의 스트레스에서 벗어날 수 있었고 즐겁게 일하고 협력하는 원래의 역할로 돌아가겠다고 했다.

일반적으로 최면 작업은 한 번의 회기에 한 가지 주제를 다루는 것이 효과적이다. 그녀의 경우 호소하는 다른 문제가 있었고 시간이 남아 있는 상황이었기에 나머지 주제를 함께 다루기로 했다. 다만, 최면 작업의 효과가 저해되지 않도록 이를 파츠 워크의 프레임을 활용하여 독립적인 작업으로 진행하였다.

그녀가 호소하는 또 다른 문제 양상은 아침에 기상할 때 자신도 모르는 두려운 느낌이 들면서 정수리 부분에 찌릿찌릿한 통증을 함께 느끼는 것이었다. 진희 씨는 얼마 전부터 이런 증상이 올라왔고 자신도 그 이유를 알 수 없다고 했다.

곧 이 문제와 연관된 내면의 파트를 찾아냈다. 그 파트의 이름은 '무기력'이었다.

그 파트는 진희 씨가 헬스장에서 운동할 때 빈혈과 유사한 어지러움을 일으켰다고 주장했다. 그리고 자신이 그런 일을 한 이유가 이 사람이 체력적으로 힘든데도 억지로 무리해서 운동하기 때문에 몸을 보호하기 위해 그러지 못하도록 한 것이라고 했다.

'무기력' 파트는 일반적인 빈혈과는 다르지만 정수리에 열을 일으켜서 찌릿찌릿한 느낌으로 인해 진희 씨가 이를 마치 빈혈처럼 느끼게 하였으며, 이와 함께 근육을 무기력하게 만들어 아무것도 하기 싫어지도록 무기력감을 느끼게 하였다고 말했다.

덧붙여 자신은 원래 즐겁게 운동을 하는 일을 하지만 최근 그녀가 너무 무리하는 것에 대해 걱정이 된다고 했다. 그러면서 이 파트는 그녀에게 "운동하지 말고 회복할 때까지 많이 먹어라."고 말했다. 다른 주제의 작업이라 생각했지만, 이 역시 그녀가 가진 식탐이나 급격한 체중 증가와 무관치 않은 파트였던 것이다.

곧 이 파트의 생각과 반대로 운동을 무리하게 시킨 파트도 등장해 이 무기력 파트와 충분한 소통을 나누었다. 그들은 이윽고 서로에 대한 오해를 풀며 이해하게 되었고 '즐거운 운동' 파트로써 기꺼이 통합되었다.

재미있는 것은 이 과정에서 이 두 파트가 통합하는 것에 대해 반대하는 파트가 나타난 것이다. 그 파트의 이름은 '위장'이었다. 위장은 그동안 위가 2배로 늘어나서 이 공간을 채우려면 많이 먹어야 한다고 주장했다. 적절한 기법을 적용하여 리프레이밍(재관점화)되자 위장 역시 기쁜 마음으로 이 조화로운 통합에 동의했고 자신도 그 일부가 되었다.

가까운 미래의 상황으로 나아간 진희 씨는 날아갈 것처럼 가벼운 상태로 즐겁게 운동하고 있는 자신을 떠올렸고, 간식 먹고 싶은 마음이 들지 않는다고 말했다.

최면에서 돌아 나온 그녀의 표정은 매우 가벼워 보였고 일정 기간 더 실생활 속에서 피드백을 지켜보기로 했다.

세 번째 최면상담

두 번째 상담을 한 지 일주일이 지났고 세 번째 상담을 위해 진희 씨를 만났다. 이미 상담실에 들어오는 그녀의 표정과 발걸음부터가 그동안의 상황을 몸으로 보여주는 듯했다.

그녀는 상담 테이블에 앉자마자 자신의 믿을 수 없는 변화에 대해 신나게 늘어놓기 시작했다. 먼저 스트레스가 대폭 감소하여 평온함을 찾았고, 아침 기상 시에 올라오던 두려움도 사라져서 거짓말처럼 아침이 상쾌해졌다고 말했다. 무엇보다 가장 힘들었던 식탐과 식욕이 사라졌고 가끔 올라오는 식욕은 말 그대로 정상적인 수준의 식욕 정도라고 했다.

이미 이 정도의 변화로도 소기의 목적은 충분히 달성했다고 말했다.

특이한 사항은 2차 작업 이후 어느 저녁, 오른쪽 코에서 한동안 잘 멈추지 않는 코피가 계속 흘러나왔다고 한다. 이 현상에 대해 단정할 수는 없지만, 나는 이것이 앞서 우리가 했던 감정 해소 작업과 무관치 않으며 긍정적인 신호라고 생각했다. 필자가 속한 최면 커뮤니티나 학계에 흔히 보고되는 사례는 아니지만 내면에 묻어둔 감정들을 해소한 이후 이와 유사한 반응을 보이는 경우들이 과거 나의 몇몇 내담자들에게서 동일하게 관찰되었기 때문이다.

분노 조절을 할 수 없어 집안의 물건들을 수시로 박살 내던 50대의 어떤 남성 내담자는 내면 깊이 묻어둔 부모님에 대한 어린 시절의 분노를 해소하고 나자, 3일 동안 이상할 정도로 온종일 집에서 잠만 잤다고 말했다. 이는 내면 깊은 극도의 긴장이 해소되면서 자연스럽게 몸이 휴식할 수 있게 되면서 나오는 반응으로, 유사한 반응이 종종 내담자들로부터 목격된다.

진희 씨와의 세 번째 상담 회기에서 보다 완벽한 마무리를 위해 굳이 남아 있는 불편감을 찾아본다면, 두 가지 정도로 정리할 수 있었다.

첫째로, 정수리 부위의 통증은 사라졌지만, 가끔 머리둘레로 띵~한 새로운 증상이 생겼다고 한다. 그녀는 이를 새로운 증상이라 표현했지만 나는 그것이 양상의 변화이고 긍정적인 신호임을 알았다.

둘째로, 평소 느끼는 무기력증은 사라졌으나 이따금 가라앉는 느낌이 든다고 했다.

세 번째 최면 작업은 전형적인 내담자 중심 파츠 테라피가 적용되었다.

최면상태에서 등장한 머리를 띵하게 하는 것과 연관된 파트는 '이것은 일시적인 증상으로 앞으로는 정신적인 부분에 신경을 써야 하며, 더이상 아프게 하지 않을 것이니 마음 편하게 하고 정신건강에 신경을 써달라'고 말했다.

이따금 심신을 가라앉게 만드는 일을 하는 파트는 해가 지고 사무실에 혼자 있을 때 이런 일을 한다고 말했다. 그녀는 보통 운동하러 가기전에 저녁을 먹는데, 요가를 시작하고부터는 그럴 수가 없었다고 했다. 요가 1~2시간 전에는 속을 비워야 하기 때문에 퇴근 때가 되면 너무배가 고파진다며 자신이 하는 일을 정당화했다.

그리고 이 파트들에 대해 내면에서 가장 지혜로운 파트가 나와 현명한 제안을 제시했다. 이 '지혜로운 파트'의 조언은 영양보충제를 잘 챙겨 먹고 기분 좋게 생활하라는 것이었고 조금 일찍 배부르게 먹고 운동을 가라는 행동적인 대안을 제시했다. 이런 '지혜로운 파트'의 제안을모두 받아들이고 파트들은 재통합되었다.

그리고 이 모든 변화를 강화하는 추가적인 작업들을 거치고 모든 작업이 마무리되었다.

몇 주 후 진희 씨는 기분 좋은 피드백을 주었다.

세 번째 작업 이후로 아주 조금 남아 있던 징후들 또한 모두 깨끗하게 사라졌다고 한다. 머리가 띵하던 증상도 언제 그랬냐는 듯 사라졌고, 더 이상 식탐이나 식욕에 끌려다니지 않고 식욕 자체를 스스로 통제 가능하게 되었으며 작업 말미에 별도로 주었던 추가적인 후 최면 암시(최면 후에 작동하는 암시) 역시 현재까지도 매우 잘 작동하고 있다고 했다.

그리고 정신적인 관리에 관심을 갖게 되어 필자가 권한 몇몇 관리 방법을 실천하고 있다고 말했다. 진희 씨는 마치 새로 태어난 기분이라고 하며 밝게 웃었고 저자의 커뮤니티에 자발적인 후기를 남겨주었다.

다음은 직접 남겨주신 글의 일부분이다(일부의 표현을 매끄럽게 다듬은 것 외에 내용은 원본 그대로의 것을 옮겼다).

- (중략) -

제가 최면상담을 받은 이유는 다양합니다.
제 의지로는 통제할 수 없는 과식, 폭식, 야식 증후군, 우울증에 다이어트까지 광범위합니다. 그러나 이 상담과정에서 나온 답은 하나입니다.
나에게 잠재되어 있는 원인을 풀어주신 거지요. 선생님은 그 원인을 풀기 위한 안내자 역할이 최면 상담가라고 하셨죠. 지금까지 주 1회씩 총 3회의 세션을 받았습니다.

- (중략) -

상담 신청할 때까지 상당한 용기가 필요했습니다.
전화기를 들었다 놓기를 몇 번 반복하다가 그래도 아직 내 삶에 대한 애착과 나를 사랑하는 마음, 그리고 살아 보겠다는 마음이 조금이라도 남아 있으니 용기를 냈겠지요. 용기를 낸 이 순간, 아마 치유의 반은 했다고 볼 수 있겠지요. 문제를 자각하고 나를 정상으로 돌려놔 보겠다는 의지와 희망을 가지고 싶은 작용이 있었겠지요 우선 첫 세션 때 선생님께서 최면의 치유원리와 과정을 설명해 주셨어요. 그리고 충분한 상담도 있었습니다(일반인들이 최면에 대한 두려움과 오해가 있을 수 있어 충분한 설명을 해 주셨어요.).

그리고 시작된 세션, 제가 인식하지 못한 어릴 때부터 쌓여있는 내 모든 잠재의식에서 확인한 집착에서 비롯된 원인이 있었습니다. 나도 모르게 그 집착을 놓지 못해 세션 중 몇 번 눈물을 흘리며 울었지요.

그러고 나서는 모든 게 편안한 상태에서 선생님께서 잘 이끌어 주셔서 모든 집착을 끊을 수 있게 도와주셨어요.

세션 후 저도 저 자신의 무의식에 대해 알게 되어 놀라웠고 그 집착을 놓기 싫어울 줄도 몰랐고 그런 내재된 것이 있는 줄도 몰랐습니다. 밤만 되면 뭔가 허전함을 채우기 위해 잠이 들 때까지 계속 먹었고 이렇게 통제하지 못하는 나 자신을 원망했으며 위나 장에 감각이 없이 계속 들어가다 보니 과식, 폭식을 일삼았지요.

결론은 그날 집으로 간 후 비로소 제 자신을 찾을 수 있었습니다. 자신을 통제할 수가 있게 되었고 모든 상실한 위, 장 감각들이 돌아왔으며 제 자신을 느낄 수 있었습니다. 특히 세션 후 놀라운 변화 한 가지 더, 생각지도 않았던 변비가 해결되었어요.

중학교 때부터 안 먹어본 약 없고, 안 해본 방법이 없을 정도로 심했던 변비가 싹 해결되었지 뭐예요(아! 돈 벌었다 싶어요. 매월 지출되던 변비 관련 건강식품들 이제 안 사도 돼요).

제 무의식에서 가지고 있는 이 놓고 싶어 하지 않는 집착이 내 장기 속의 '응가'까지도 내놓지 않고 내 몸속에 계속 잡고 있었나 보더라고요. 참 신기하죠….

며칠 후 선생님과의 피드백이 있었던 후 아직도 조금씩 남아 있는 집착이나 스트레스, 세션 후 제가 느끼는 감정과 증상에 대해 상담을 하고 추가로 날을 다시 잡았습니다.

두 번째 세션 후에는 정말 제가 다시 태어난 기분이었습니다. 눈앞에 뿌옇던 막과 안개가 걷힌 것 같았고 암흑 속에서 벗어난 기분이었습니다. 제 인생에서 지워 버리고 싶을 만큼 고통스러웠던 지난 7개월간은 개인적인 여러 상황으로 인해 굉장히 스트레스였습니다. 살아왔던 모든 날이 이런 암흑 속에서만 살아왔다고 느낄

만큼 나의 몇십 년 인생은 기억이 나질 않았습니다.

좋았던 날, 추억, 친구 등등 모든 게 생각조차 나질 않을 만큼 고통스러웠고 앞으로 내 인생의 미래는 없다고 생각했을 만큼 싫었는데 이제는 제정신으로 돌아온 나를 느낄 수 있습니다. 그러고 나니 이때까지 살아오면서 좋았던 부분이 더 많이 떠오르고 스트레스 상황 속에서도 전혀 영향을 받지 않더라고요.
그리고 매일 출근해서 업무 시작 전 저만의 공간에서 5분 정도 짧은 명상을 하면서 제가 이렇게 된 원인을 찾아보고 저를 되돌아볼 수 있는 여유도 가집니다. 그러면 참 마음도 편안하고 평화로워집니다. 정신적인 면에 좀 더 신경 쓰지요.

그리고 세 번째 세션 후 늘 경직되었고 과식, 폭식, 식탐으로 살이 찌기 시작하면서 느꼈던 어깨 통증도 모든 짐을 내려놓은 것처럼 가볍고 허리 통증도 없어졌으며(이 모든 통증이 '심인성'이었을까요?) 웃음도 되찾았습니다. 잘 웃고 다녀 매일 좋은 일만 있는 줄 알던 직원들이 최근 내 행동이나 말투와 표정으로 인해 오해가 많았을 겁니다.

늘 부지런하고 배우고 싶은 게 있으면 시간을 쪼개서 점심때라도 살짝 나가 굶어가며 배우러 다녔던 그 열정이라는 것이 근 7개월간은 없었고 손가락도 꼼짝하기 싫을 만큼 게으르고 나태하고 퇴근 후 집에만 축 늘어져만 있었는데 이젠 뭐든지 다 잘할 수 있을 것 같아요. 아! 그리고 다이어트 때문에 후 최면 암시를 받아서인지 그날 저녁 가족모임 때 식당에서 많이 먹질 못했어요. 조금만 먹어도 금방 포만감으로 배가 불러서 평소보다, 예전보다 덜 먹게 되더라고요.
그리고 모든 게 무슨 마술처럼 한 번에 뚝딱 해결된다기 보다는(앞에서 변비나 통증 관련은 참 신기하지만,) 이 감정을 알았으니 나 스스로 꾸준히 자각해 가면서 내면과 같이 해결해 나가는 게 아닌가 감히 생각해봅니다.

그 세 번의 세션은 정말 편안한 기분이라 영원히 이런 상태였으면 싶을 정도로 마음이 편하고 평화로웠습니다. 선생님 말씀처럼 원인(나무에 비유하면 '뿌리'라고 하셨죠)을 제거하니 모든 게 제자리로 돌아왔습니다. 아니 더 아름답고 빛나는 세상이 제 앞에 있더라고요. 세상이 이렇게 아름다운 줄 모르고 나를 진정 사랑하는 방법 또한 모르고 살았나 봅니다.

노랫말처럼 "내 속엔 내가 너무도 많아~!…" 힘이 들지요.

제 후기를 보고 용기를 내시는 분이 많았으면 좋겠고 최면에 대한 두려움이나 오해 없이 그저 세상에서 제일 편안하고 평화롭게 휴식을 취하면서 그냥 그대로 받아들이면 된다고 생각하시면 좋겠습니다.

'결자해지(結者解之)'라고 답은 내 안에 있습니다. 자신의 문제점은 본인이 제일 잘 알고 있을 겁니다. 단지 그 문제점이나 답을 의식적으로 찾을 수 없으니 답을 찾도록 길을 열어 도와주고 안내해서 무의식에 남아 있는 감정을 해결하는 데 도움을 주는 것이 최면이라고 보면 될 것 같습니다.

3주간 세 번의 세션을 마쳤습니다. 제 인생의 어떤 것도 이보다 더 감사하고 행복하지는 않을 겁니다. 좋은 인연으로 인해 보다 나은 제 삶을 위해 애써주신 선생님께 진심으로 감사의 마음을 전해드립니다.

많은 분들이 도움을 받아 광명의 날을 맞이했으면 합니다. 밖에 보이는 햇빛이 달리 느껴지실 겁니다.

제 경우는 문제가 깊고 심한 편이었는지는 모르겠으나 가벼운 것부터 저보다 더 심한 문제까지 한번 자신을 믿어보시면 좋을 것 같아요.

개인에 따라 시간이 조금 덜, 조금 더 걸릴 수도 있지만, 누구에게도 말할 수 없고 용기 내서 말해도 이해해 주지 않고 그저 좀 심하게 화가 나거나 스트레스받나 보다 하고 웃어넘기기 일쑤인 일반 사람들 사이에서 고민하지 마시고(일반적 반응 - "어! 언니 그래요?" 또는 "언니 좀 스트레스받나 보네" 또는 "정말이요? 호호" 하고 웃어넘기더군요. 하기야 자신들은 그 느낌을 모르니 당연하죠.) 용기를 내보세요. 어쩌면 그 순간부터 당신의 인생은 새로운 날을 맞이할 수 있으리라 믿습니다. 저도 생애 전환점에서 내일은 없을 줄 알았으니까요.

- (중략) -

모두 행복하시고 건강하세요!!

병적인 원인이 아닌 폭식습관과 관련한 문제는 대부분 감정적인 문제에서 온다.

먹는 것으로 내적인 감정에서 회피하려 하지만 사실상 먹는 행위는 일시적인 관심 돌리기에 불과한 것이다. 이런 감정 폭식과 연관된 내담자들은 대개 여러 가지 감정들이 문제가 되는 복합적인 구조를 갖는 경우들이 많다.

따라서 이러한 작업들은 결과 중심이나 직접 암시 등을 사용한 단순 작업이 아니라, 진희 씨의 사례처럼 짧은 간격을 두고 피드백을 확인해 가며 몇 차례 이상 회기를 나누어 다중 감정과 다중 원인을 찾아 중화하고 통합하는 종합적인 접근이 적용되어야 한다.

만성불안과
버려짐에 대한 두려움

김진하
한국 현대최면 마스터 스쿨 서울센터

김보민(가명) 씨는 프리랜서로 일하고 있는 30대 후반의 여성이다.

그녀는 불안이 아주 깊고 불면에 시달리고 있다며 센터를 방문했다. 빠른 시일 내에 다른 도시에 가서 홀로 일을 시작해야 하는 상황이었기에 급하고 절박한 상황이었다.

그녀는 다른 방식의 상담을 오랫동안 받으면서도 크게 효과를 보지 못했지만, 최면상담으로는 다른 효과를 볼 수 있을지 모른다는 기대감을 갖고 있었다.

현실적인 여건상 그녀와 최면상담 회기를 가질 수 있는 시간은 최대

네 번밖에 없는 상황이었다.

보민 씨는 만성적인 불안이 삶의 여러 방면에 영향을 끼치고 있는 상태였다. 수면의 질이 좋지 않아서 잠이 부족할 뿐 아니라 건강도 나빠지는 것을 느끼고 있었고, 미래에 최악의 일이 벌어지는 것을 가정하고 상상하면서 불안에 떨고 있었다.

그러한 생각과 불안이 사라지지 않아서 너무 괴로울 때는 죽고 싶다는 생각도 든다고 했다. 상대가 자신을 부정적으로 바라보는 것이 염려되어서 인간관계에서도 어려움을 겪고 있었다.

또한 그녀는 자신에게 마음의 문제가 있다는 인식 자체로부터 부정적인 영향을 크게 받고 있었는데, 이것은 과거에 다른 상담사와 상담을 하면서 갖게 된 문제에 대한 잘못된 인식 때문이었다. 이는 자신의 문제를 알아차리고 인정하면서 극복하는 자기수용과 성장의 방향으로 이끄는 것이 아니라 오히려 자신 스스로를 나약하고 이상하고 문제가 있는 사람으로 낙인을 찍으면서 자기비하와 불신의 방향으로 나아가게 된 상황이었다.

그러나 나는 그녀를 마주하고 이야기를 들으면서 그녀가 보기 드물 정도로 강인하고 순수하고 맑은 사람이라고 느꼈다. 실제로 그녀는 어려운 가정형편 속에서도 자신의 삶을 능동적으로 이끌어 온 강인한 사람이었다.

어린 시절 대부분을 부모님과 떨어져 친척 집에서 지내면서 정서적인 학대를 받았다. 이후 친부모님을 만났지만, 그간 겪었던 고통을 이해받기보다 오히려 부모님을 보살피고 봉양하면서 더 상처를 받게 되었다. 그런 와중에도 자신만의 삶을 잃지 않고자 노력해온 사람이었으며, 자신이 받지 못해서 힘들었던 만큼 더 사랑을 주고 싶어 하는 영혼의 소유자였다.

이러한 보민 씨에게 필요한 것은 내면의 두려움을 마주하고 자신에게 그 두려움보다 더 큰 힘과 사랑이 있다는 것을 확인하면서 자신의 본래 모습을 알아가는 것이라고 생각되었다.

첫 번째 최면 작업에서 그녀는 자신의 내면에 있는 가족, 친척에게 버려질까 봐 두려워하는 마음을 만날 수 있었다.

4살, 5살의 어린 보민은 외로움과 두려움 속에서 떨고 있었다. 친척 집에서 돌아오지 않는 부모님을 기다리면서 당혹스러움과 외로움을 느끼고 있었고, 친척 집에 살게 되면서 어른들의 냉대와 무관심 가운데 또다시 버려질까 봐 두려움에 떨고 있었다.

그러나 그녀가 갖고 있던 내면의 빛은 이러한 감정과 기억들을 모두 마주하고 정화할 수 있을 정도로 강력했다. 마음 안에 있던 작은 아이는 따뜻한 빛 안에서 더 이상 혼자가 아니라는 것을 느끼며 위로받을 수 있었다.

첫 상담이 끝나고 눈을 뜬 그녀는 가슴에서 따뜻하고 편안한 느낌이 든다고 했다.

두 번째 작업에서는 사람들이 자신을 싫어할까 봐 불안해하며 위축되는 보민 씨의 마음을 돌아볼 수 있었다.

친척들의 눈을 피해 숨어 있던 초등학생 아이는 자신이 없어져야 하는 사람인 것처럼 느끼면서 비참함과 슬픔 속에 있었다.

부모님이 돌아오지 않는다는 것을 처음으로 알게 된 4살 아이는 자신이 누구도 함께하고 싶어 하지 않는 짐스러운 존재가 된 것처럼 느끼면서 불안에 떨고 있었다. 그리고 불안과 슬픔이 너무 강한 나머지 얼굴이 굳으면서 목과 가슴이 막힌 것처럼 느껴지고 두통도 생기는 등 신체적인 반응이 일어났다.

이러한 감정과 증상을 온전히 알아차리고 수용하고 표현하면서 정화하는 동안 마음도 편안해졌고 증상들도 모두 가라앉았다.

마음이 가라앉고 힘이 생기자 가족들, 친척들을 불러서 감사, 미움, 분노, 억울, 섭섭함 등의 감정들을 꺼내어 표현하도록 안내했다. 보민 씨는 친척들과 어른들에게 받은 상처들로 인해 마음속에 자리 잡고 있던 미움과 분노를 솔직하게 드러내면서 한 편으로는 자신을 버리지 않고 키워준 것에 대한 감사한 마음도 고백했다. 비록 자신은 상처로 얼룩졌지만 그만큼 더 남에게 상처 주지 않고 사랑하며 살겠노라고 선언했다.

최면상태에서 돌아 나온 그녀는 한바탕 싸움을 치른 것 같다면서 개운하다고 했다. 자신의 강인함을 확인하고 자기 신뢰를 회복하기 시작한 보민 씨에게 혼자서 실천할 수 있는 명상적인 실천법도 알려주었다.

세 번째 상담에서 만난 그녀는 지난 두 번째 상담이 끝난 이후 오랜만에 마음이 편안했고 머리도 시원해서 잠도 많이 잘 수 있었다고 했다.

사람들과 만나는 자리에서 불편하거나 불안한 마음 없이 마주하고 있을 수 있었고, 만남 이후 집에 돌아가는 길에 자신의 단점이나 실수를 떠올리며 불안해하는 일도 없었다고 했다.

또한 불안함이 느껴질 때는 배운 대로 그것을 수용하고 사랑하는 명상적인 자세를 취했더니 도움이 많이 되었다고 했다. 불안함에 파묻히지 않고 있는 그대로 마주하고 볼 수 있다는 느낌이 너무 좋고, 마치 마법에 걸린 것처럼 좋아져서 더 작업할 것이 있나 하는 생각이 들 정도라고 했다.

그래서 이번 회기에는 남은 불안들을 탐색하고 정화해 보기로 했다.

첫 번째와 두 번째 회기에서는 미움받고 버림받는 것에 대한 근본적인 두려움을 다루었다면, 이번에는 조금 더 지엽적인 상황에서 비판, 비난받거나 혼나는 것에 대한 두려움을 다룰 수 있었다.

조그만 실수로 인해 가혹하게 혼나거나 억울하게 비난받아야 했던 자신을 따뜻하게 위로해 주면서 서럽고 부끄럽고 당황스럽고 불안하고 자존심 상했던 마음을 알아차리고 정화했다.

마지막으로 진행된 네 번째 상담에서는 최면 작업을 하지 않고 대화를 나누면서 지난 세 번의 작업들을 통합하고 정리하는 시간을 가졌다. 보민 씨는 이렇게 이해받고 마음이 편해진 것이 처음이라며 자신을 바라보는 시선이 완전히 바뀌었다고 고백했다.

자신이 문제투성이의 고장 난 사람인 줄 알았는데 이제는 그렇지 않다는 것을 알겠다고 했다. 그리고 그동안 문제라고 생각했던 부분이 오히려 자신의 개성, 특성을 만들어 주는 장점이 되기도 한다는 것을 발견하기도 했다.

그녀가 자신을 있는 그대로 받아들이면서 편안하게 있기 시작했다는 것을 나도 느낄 수 있었다. 자신에 대한 신뢰와 사랑을 갖고 더 편안하고 용기 있게 삶의 새로운 모험으로 뛰어들 수 있게 된 것이다.

자신에 대한 깊은 수용과 신뢰를 나누면서 마지막 상담을 마무리할 수 있었다.

상담을 하다 보면 존경스러운 내담자들을 종종 만나게 된다. 그런 사람들에게서는 역경을 극복해 내는 위대한 생명력과 자신만의 삶을 만들고 가꾸어 가는 의지와 용기, 그리고 자신이 받은 것보다도 더 큰 사랑을 주고자 하는 마음과 힘이 있다는 것이 느껴진다. 그녀도 그런 사람 중 하나였다.

단지 그녀에게 필요했던 것, 그리고 내가 상담을 통해서 했던 것은 자신이 본래 그런 사람이라는 사실을 보고 받아들일 수 있도록 그녀의 그러한 모습을 먼저 알아보고 바라봐 주는 것뿐이었다.

그런 의미에서 최면 작업은 자신의 숨겨진 모습들, 감정들을 있는 그대로 꺼내놓고 온전히 바라볼 수 있는 좋은 도구이고 방법이었다.

짧은 시간이었지만 다행히도 보민 씨는 자신 안에 있는 순수한 사랑과 강인한 힘을 만날 수 있었고, 자신의 빛을 스스로 인정하면서 세상에 드러내기 시작했다. 이렇게 내담자가 자신의 빛을 만나는 그 순간을 함께 목도하고 경험하는 것은 상담자에게 있어서 가장 큰 보람이자 행복으로 느껴진다.

　나에게도 그러한 선물을 주었던 그녀에게 감사를 드리며 앞으로도 자신의 빛을 마음껏 펼치기를 기원한다.

극심한 우울과 공황
그리고 자해행동

권동현
한국 현대최면 마스터 스쿨 부산센터

올해 20대 김미정(가명) 씨의 어머니는 심리적으로 많이 아프고 힘들어하는 딸이, 하루라도 빨리 행복해지길 희망하며 걱정 가득한 목소리로 딸의 상태를 이야기했다.

딸은 자존감이 매우 낮고, 자기혐오가 심하며, 집중력이 현저하게 떨어진다고 했다. 그리고 무엇보다 공황장애가 심해 지하철이나 버스를 타지 못하며, 사람들이 많은 곳을 가지 못했다. 공황증세가 나타나면 과호흡 때문에 숨을 제대로 쉬지 못하고 눈앞이 캄캄해지는 증상을 느꼈다.

해가 질 무렵 저녁시간만 되면 딸의 방에서 들려오는 울음소리에 어머니도 함께 하염없이 눈물을 흘리며 가슴 아파했다.

딸의 상태는 날이 갈수록 심각해졌으며, 신경정신과를 몇 군데나 다녔지만 별 차도는 없었다. 타 상담센터에서 두 달 동안 심리 상담도 받았지만, 이 역시 큰 효과는 보지 못했다.

어머니는 더 이상 어떻게 해야 할지 몰라 고민하다, 지인의 추천으로 본 센터를 소개받고 딸에게 최면상담을 받자고 이야기한 후 최면상담을 예약했다. 무기력이 심했던 미정 씨는 아무것도 하고 싶지 않았지만, 부모님께 '마지막으로 효도라도 해야겠다.'는 생각에 '상담받아 변해 보겠다'고 약속을 했다.

하지만 그녀의 마음과는 달리, 상담 스케줄을 잡은 그 날부터 그녀의 증세는 더욱더 심해졌다. 극심한 불안과 우울로 숨 쉬는 것이 어려워졌고, 그럴 때마다 정신과에서 처방받은 신경안정제를 먹으면서 버텨야만 했다.

긴 생머리에 하얀 피부, 마른 그녀의 첫인상은 소녀 같았다. 굴러가는 낙엽만 봐도 까르르 웃으며 무엇이든지 즐거울 것 같은 나이였지만, 그녀는 그렇지 못했다.

표정은 굳어 있었고, 긴장과 동시에 불안해 보이는 그녀의 손은 바들바들 떨고 있었다. 당장에라도 눈물을 왈칵 쏟아 낼 것만 같았다. 무엇보다 당장 숨을 편안하게 쉴 수 없었기에 그녀를 심리적으로 안정시키는 것이 급선무였다.

따뜻한 차 한 잔을 마시며 편안하게 최면 전 면담을 이어나갔다. 미정 씨는 긴장했지만 이야기를 나누면서 천천히 마음의 문을 열기 시작했다. 그리고 자신이 살아온 이야기를 빠짐없이 자세하게 이야기해 주었다.

학창시절 동안 몇 번의 따돌림을 경험하게 되고, 그런 경험으로 인해 대인기피와 함께 자기혐오가 시작된 이야기로 말문을 열었다.

자존감은 바닥으로 떨어졌고, 수시로 자해행동까지 서슴없이 반복했다. 주먹으로 벽을 쳐서 손이 찢어지고 피를 흘리거나, 손목을 긋는 행동을 여러 번 반복해 왔다. 그런 행동을 할 때마다 내면에 쌓여있던 스트레스가 잠시나마 해소되는 느낌이 들어 자해행동을 지속해서 해 왔다.

그녀의 희고 가느다란 팔목에는 자해한 흉터들로 가득했다. 그 흉터를 가리기 위해 긴소매 옷만 입었다.

고3 때 그녀의 스트레스는 극에 달했고, 더 이상 어떠한 생활도 할 수 없을 것 같아 매우 힘들고 괴로워했다. 미정 씨는 이런 환경 속에서 버티기 힘들었고, 새로운 환경에서 살기를 희망했다.

마침내 고등학교를 졸업하고 그녀는 한국을 떠나 낯선 나라로 유학길에 올랐다. 모르는 사람들과 어울리고 싶었고, 낯선 환경에서 새로운 인생으로 살아가고 싶었다. 그리고 무엇보다 자신에게 새로운 인생을 선물하고 싶었고, 그런 삶을 자신 있게 살아가고 싶었다.

그러나 유학을 가고, 새로운 환경, 새로운 사람들을 만나 그곳에 적응하는 것은 매우 힘든 일이었다. 자신이 변하지 않았기 때문에 어디로 도망간다 한들 변할 수 없다는 것을 알아차렸다. 아무리 발버둥 쳐도, 아무것도 변하지 않는 자신의 모습에 실망하고 자신을 포기해 버렸다.

그녀가 가졌던 기대와 희망은 무너져버렸고, 모든 것을 포기하고 결국 다시 집으로 돌아오게 되었다.

그녀의 증상은 귀국 후 급격하게 나빠지기 시작했다. 그러던 어느 날, 갑자기 걷잡을 수 없는 불안이 찾아왔다. 극심한 우울과 함께 갑자기 공황장애가 생겼다. 과호흡이 시작되더니 숨을 쉴 수 없었고, 심지어 죽음의 공포를 느끼게 되었다. 그 날부터 그녀는 더 이상 어떠한 외부활동도 할 수 없었다.

부모님과 정신과 병원 가는 일을 제외하고는 온종일 자신의 방안에서 꼼짝하지 않았다. 그녀는 힘들었던 과거의 기억이 떠올라 괴로워서 울거나, 우울증약을 먹고 하루 종일 잠을 자는 일이 전부였다.

잠에서 깨어나는 순간부터 이유 모를 극심한 불안함과 심장 두근거림이 계속되었다. 약을 먹는 잠시 잠깐 불안감은 줄어들지만, 무엇을 해도 즐겁지 않았다.

학창시절의 경험들이 계속 떠올랐고, 그로 인해 여러 가지 생각들로 이어져 나갔다. 수학여행을 가서도 혼자였고, 학교 급식시간에도 늘 혼자 밥을 먹어야만 했다. 함께 할 친구가 없다는 이유로 늘 외롭고 우울함을 느꼈다.

자신을 따돌렸던 모든 아이들에 대한 분노와 미움에 대한 감정이 컸다. 하지만 자신을 따돌렸던 그 친구들을 미워할 수도 없었다. 심지어 자신을 따돌렸던 그 친구들을 길에서 마주치게 될까 봐 불안해 집 밖을 나갈 수 없었다. 또 어디선가 그 친구들이 자신을 욕할 것 같은 생각에 늘 무섭고 불안했다.

몇 시간 동안 가슴속에 쌓아두었던 많은 이야기를 토해 내듯 쏟아내고 나서야 그녀는 안정적인 모습을 보였고, 그제야 편안하게 숨을 쉴 수 있었다.

KMH 최면상담 체계를 강의할 때 원칙적으로 최면 전 진행되는 사전면담에서 이렇게 오랜 시간이 소요되지 않도록 방법들을 가르치고 있다. 하지만 미정 씨의 경우 그런 방식을 적용하지 않았고 직관적으로 예외를 만들었다. 그녀가 마음을 열 수 있도록, 이것이 반드시 필요하다고 판단했기 때문이다.

그녀가 계속해서 많은 감정을 토해낼 수 있도록 격려했고, 우리의 첫 상담은 3시간의 할당 시간을 훌쩍 넘겨 4시간 30분 동안 진행되었다. 다행히 다음 내담자가 오기까지 2시간 정도 여유가 있었기에 이렇게 긴 상담이 가능했지만, 그날 저녁을 먹지 못하고 다음 내담자를 만나야만 했다. 이렇게 긴 시간 동안 상담이 진행되는 경우는 드문 일이긴 하나, 내담자의 상태가 심각한 만큼 몇 배 더 신경 쓰면서 진행한 상담이었다.

먼저 EFT(정서자유기법)로 무서움과 불안에 대한 감정을 떨어뜨린 다음, 몇몇 친구들에 대한 분노의 감정들을 하나씩 다루기 시작했다. 그리고 불안해서 집 밖을 나가지 못하는 것, 친구들을 만날까 봐 무섭고 두려운 느낌도 다루었다.

그녀를 따돌렸던 몇몇 친구들과 관련해 용서 테라피를 진행했다.

첫 상담은 우려와 달리 순조롭게 진행되었다. 그리고 첫날 다루었던 불안한 감정이나 두려움 감정들은 그 작업 이후로 완전히 사라졌다.

그녀에게 매일 훈련을 할 수 있도록 추가적인 과제를 내어주었고, 일주일 동안 불안함이 느껴질 때마다 추가로 훈련할 수 있도록 했다.

그녀는 성실하게 훈련을 매일 꾸준하게 연습했다. 주어진 과제를 할 때마다 그녀는 마음이 편안해지고 좋은 느낌을 느꼈다고 했다.

첫 상담을 마친 다음, 즉시 변화를 보이는 딸의 모습에 신기하다며 미정 씨 어머니께서 피드백해 주셨다.

처음 상담받은 이후 딸은 친구들을 만날 용기가 생겼고, 일주일 동안 무려 세 번이나 약속을 잡고 친구들을 만났다. 그것도 혼자서 외출한 것에 대해 어머니는 매우 놀라워했다.

그러나 딸에게 이해할 수 없는 행동이 하나 있었다. 그것은, 상담 스케줄을 잡은 날짜가 되기 3일 전부터 이상하게 많이 불안해한다는 것이다.

어머니의 피드백을 듣고 다시 미정 씨와 두 번째 상담을 이어 나갔다.

약속한 상담날짜가 되기 3일 전부터 불안한 이유에 대해 물었다.

그 이유는 자신은 병원에서 불안, 강박, 공황장애의 진단을 받았고, 강박적인 이 불안함은 이곳뿐만이 아니라 다른 모든 곳에서도 이어진다고 했다.

자신은 뭐든지 완벽하게 하고 싶고, 그 생각을 하면 긴장으로 이어지고, 긴장은 불안으로 연결된다고 했다.

강박적인 그 생각의 예로는, '상담실에 늦게 도착할까 봐', '잘못된 행동을 하게 될까 봐' '차질이 생길까 봐' 등의 이유로 3일 동안 많이 힘들었지만, 막상 상담실에 오면 편안하다고 했다.

일주일 동안 그녀는 자신을 따돌렸던 친구들을 마주치게 될까 봐 불안하거나 무서움이 전혀 없었고, 그녀 자신도 눈에 띄게 밝아졌고 기분이 좋았다.

두 번째 최면상담의 주제는, 타인의 눈치를 보면서 남들에게 잘 보여야만 한다는 강박적인 사고를 다루고 싶다고 했다. 우리는 이 문제들의 근본적인 원인을 찾기 위해 연령역행을 사용한 최면분석을 진행했고, 마침내 그 원인을 찾아 나갔다.

8살의 과거로 역행한 미정은 초등학교 1학년으로 친구들과 교실 뒤에 서 있다.

미정과 친한 친구 명희가 전체 반 친구들에게 어린이날을 기념하기 위해 티셔츠를 한 장씩 나눠주었다. 하지만 무엇 때문인지 모르겠으나 명희의 기분이 좋아 보이지 않는다. 명희는 반 친구 모두에게 티셔츠를 나눠주지만, 미정에게만 주지 않는다.

미정은 우연히 복도 끝에 버려진 티셔츠 한 장을 발견한다. 버려진 티셔츠가 자신의 것이라고 생각한 미정은 티셔츠를 주워 챙긴다.

명희가 왜 그런 행동을 했는지 몰라 당황스럽고, 심지어 울고 싶지만 참는다. 명희가 화가 나서 자신의 옷을 복도 끝에 버렸을 거라고 추측한다. 미정은 몹시 기분 나쁘고 화가 나지만 겉으론 별일 아닌 것처럼 행동하고 있다. 그리고 이렇게 태연한 척하는 자신의 모습이 혐오스럽다고 느낀다. 명희에게 잘 보이기 위해 상당히 노력하면서 눈치를 살피게 된다.

8살 이후에도 이와 유사한 사건들은 반복적으로 일어났고, 이런 경험들이 쌓일 때마다 점점 더 타인의 눈치를 보는 행동은 강박적인 사고로까지 이어져 갔다.

적절한 접근을 통해 최초의 원인을 정화하고 갈등을 해소했다. 그리고 내면의 상처 받은 8살의 어린 자신을 안아주며 자기용서와 화해의 작업으로 이어 나갔다. 현재 어른이 된 미정 씨는 당시 어린 자신이 가졌던 오해나 두려움을 통찰하면서 이 작업을 마무리할 수 있었다.

상담이 끝나고 1주일 동안 미정 씨는, 그동안 부모님과 함께 다녔던 병원을 혼자 다녀왔다. 친구가 그녀를 초대해 만나서 재미있게 놀기도 했다. 그동안 공황증상 때문에 가보지 못했던 극장에서 재미있게 영화도 보고, 시내로 나가 백화점 쇼핑도 하고 기분 좋은 한 주를 보냈다.

그리고 세 번째 상담받으러 오는 날에는 정신과 약을 먹지 않고 왔다. 그런데도 전혀 불안하지 않다고 말했다. 크게 변한 그녀의 모습에 가족들이 가장 신기해했다.

우리의 세 번째 상담은 사람과 관련된 작업이 이어졌고, 자신을 따돌리면서 힘들게 했던 사람들, 주변 인물들, 그리고 무엇보다 자기 자신에 대한 용서 작업으로 진행했다.

용서 테라피를 하면서 쉽게 풀리지 않는 인물 중 한 명은 어머니였다. 어머니에 대한 죄책감이 너무 컸고, 이 죄책감은 고스란히 자기혐오로 이어졌다.

강박적인 사고로 인해 굳어져 있던 생각들은 쉽사리 풀어지질 않았고, 용서와 관련된 작업은 2회에 걸쳐 하나씩 풀어나가면서 해소했다.

용서 테라피를 하면서 많은 변화가 있었다. 사람들이 많은 곳에서는 늘 초조하고 긴장되고, 과호흡으로 숨을 쉬지 못하고 토할까 봐 늘 불안했다. 이제는 사람들이 많은 곳이나 대중교통을 이용해도 어떤 증상도 나타나지 않았으며 편안하게 이동할 수 있었다.

내면에서 자유로움을 얻은 파트들로 인해 그녀의 공황증상이 호전된 것이다. 가족들도 많이 놀랐지만, 무엇보다 그녀 자신이 가장 놀랐다.

또 하나 놀라운 것은 낯선 사람들이 있는 공간에 가는 것조차 상상도 못 했던 그녀가 필라테스 학원에 등록했다. 놀라운 변화였다.

타인의 시선에 대한 불안함과 무섭고 두려운 느낌도 이 과정을 통해 해소되었다.

미정 씨는 여기서 더 나아가 내면의 남아 있는 감정들을 모두 해소하고 싶었다. 그녀의 감정에 여전히 순간순간 올라오는 슬픈 느낌이 있다고 했다. 그래서 이런 슬픔과 관련된 감정들을 다루기로 목표를 잡았다.

내면의 갈등하고 있는 슬픔을 다루기 위해 내담자 중심 파츠 테라피라는 체계를 적용해 작업을 이어나갔다.

최면상태에서 그녀의 무의식에서 여전히 지속하고 있는 '슬픔'과 관련한 파트를 찾았다. 이 '슬픔'이라는 파트가 해 온 일은 옛날 기억들을 떠올리게 하고, 자신감을 떨어지게 하고, 무기력하게 하며 미정 씨를 슬프게 만드는 일들을 반복한다고 했다.

슬픔 파트의 말을 종합해 보면 어린 시절 친구와 싸우면서 철저히 혼자가 되었고, 그 이후 계속해서 이런 일을 진행하고 있다고 한다. 일부러 그러는 것은 아니지만, 습관처럼 남아 있어 의미 없이 반복하는 것이며 '슬픔' 자신도 이 일을 그만두길 원했다.

내면의 변화와 새로움을 갈망하는 '용기' 파트는 '슬픔' 파트에게 여러 가지 제안을 했다.

앞으로 '슬픔'이 변화할 수 있도록 '용기'가 함께 적극적으로 돕고, '용기'는 자신감을 불어넣어 주고, 의욕이 생기게 하고, 미정 씨가 행복할 수 있도록 '슬픔'에게 함께 하자고 권유했다. 결국 '슬픔' 역시 그러겠다고 약속했고, 긍정적인 파트로 그녀와 함께하기로 다짐했다.

그리고 내면의 갈등하고 있는 다른 파트들과 소통했고, 모두 화해를 이루었다. 그동안 내면에서 갈등하던 파트들은 하나로 뜻을 모았다.

이것이 바로 강력한 내적 소통의 힘이었다.

파츠 테라피를 적용한 상담 이후 그녀의 자기혐오는 완전히 사라졌고, 고통스러운 옛 기억들이 더 이상 떠오르지 않았다.

남들이 자신을 쳐다보는 것에 대한 두려움도, 불안함도 완전히 사라졌고, 더 이상의 우울감도 없었다. 슬픔이나 분노의 감정도 사라졌다.

이제 할 수 있다는 자신감이 생겼다. 자신의 인생이 사랑과 축복으로 가득했다. 그런 그녀는 다시 밝고 구체적인 미래의 계획을 세웠다.

그녀는 한때 어둡고 암울한 미래를 그렸었다. 인생에는 좌절과 절망뿐이라고 느꼈었다. 하지만 이제 그녀의 미래는 활기차고 에너지 넘치며 자신감으로 가득한 모습이었다.

모든 사례가 그렇겠지만, 미정 씨의 삶의 변화는 극적이고 감동적인, 그리고 상담사로서도 보람 있는 사례였다.

자신의 미래를 향해 힘찬 발걸음을 내딛기 시작한 그녀의 미래를 위해 응원의 박수를 보낸다.

자해행동과
자살시도

김진하
한국 현대최면 마스터 스쿨 서울센터

송민주(가명) 씨는 직장에서 인정받는 프로그래머였다. 30대 초반의 젊은 나이에도 큰 책임이 달린 프로젝트들을 여러 번 성공적으로 이끌며 성공의 가도를 달리고 있었다.

그러나 오랫동안 우울증에 시달리면서 약을 복용해 왔고, 최근에는 외로움과 허무함이 커지면서 일도 제대로 할 수 없었다. 감정적 기복이 심해지면서 자살시도 및 자해행동을 하기도 했다. 이를 보다 못한 지인이 최면상담을 추천하여 만나게 되었다.

처음 센터에 들어오는 그녀의 모습은 상당히 위축되어 있었고 어둡고 힘이 빠진 표정이었다. 자살시도를 할 정도로 내면이 약해져 있었고 마음이 복잡하고 혼란스럽다고 하였다. 민주 씨는 최면상담이 처음이었고 많이 긴장하고 있어 최면상담에 대해 충분히 설명하는 시간을 가졌다.

이렇게 최면상담을 하러 오시는 많은 분이 최면에 대한 오해에서 비롯된 두려움과 기대를 갖고 있는 편이다. 최면 상태에서 의식과 통제를 잃어버려서 아무것도 기억하지 못하거나 예상치 못한 발언 또는 행동을 하게 될까 봐 걱정하는 경우도 있고, 마치 종양 제거 수술처럼 단 한 번의 세션으로 모든 문제를 제거하거나 해결하기를 원하는 경우도 있다.

물론 최면에 대한 이러한 생각이 완전히 근거 없는 것은 아니다. 특별한 목적을 갖고 내담자를 가장 깊은 최면 상태로 인도하는 울트라 뎁스® 프로세스를 적용한 세션을 진행하는 경우에는 내담자가 완전한 망각과 마취 상태로 들어가는 것이 가능하다. 또한 의식이 완전히 잠재의식 아래로 가라앉는 씨코트 상태로도 안내될 수 있다.

그러나 이것은 내담자가 통제력을 강제로 잃어버리는 것이 아니라 깊은 신뢰 속에서 스스로 선택함에 따라 잠재의식이 드러나도록 허용하는 것이며, 울트라 뎁스® 세션이 아닌 일반 최면상담 세션에서는 이러한 작업을 하지 않기 때문에 세션 내내 뚜렷한 의식과 통제를 유지하게 된다.

조건이 맞는 경우에는 단 한 번의 세션으로 마음속의 깊은 문제가 드러나고 해결되는 경우도 종종 있지만, 모든 세션이 그렇게 진행될 것이라고 단언하기는 어렵다. 이러한 내용을 간략히 설명하고 가장 중요한 것은 자기 자신을 신뢰하는 것이라고 강조하면서 민주 씨가 최면상담에 대한 오해를 풀고 긴장감이 덜어지도록 도왔다. 보조적인 최면상담을 진행하는 기간에도 병원에서 받는 치료를 중단하지 않고 지속할 것과 자살시도를 하지 않겠다는 것에 대한 서약을 받았다.

긴장감이 누그러들자 민주 씨는 가족에 대한 이야기를 먼저 하기 시작했다.

그녀는 어렸을 때 부모님에게 학대를 받았다고 했다. 아버지가 목을 조르며 죽이겠다고 한 적도 있었고 빈번하게 폭력을 가했다. 어머니는 모든 것을 민주 씨의 잘못으로 돌리면서 정신적으로 압박을 주고 통제하려고 했다. 지금은 다행히도 이혼한 부모님과 거리를 두고 독립해서 지내고 있다.

열심히 살아온 덕분에 직업적인 성공을 이뤘지만, 항상 죽고 싶은 마음이 들고 자신이 크게 잘못을 해서 고통받고 벌을 받아야 하는 것처럼 느껴진다고 했다. 이런 마음이 심해지면서 불안할 때에는 자해행동을 하게 되는데, 최근에는 자신에게 남은 미래가 없다고 느껴져서 자살을 시도했다가 병원에 실려 가서 목숨을 건질 수 있었다.

대화를 하면서 그녀를 힘들게 하는 큰 원인 중의 하나가 부모님과의 관계에서 생긴 감정들이라는 것을 알 수 있었다. 일단 자살시도와 자해행동을 하게끔 직접적으로 영향을 주는 감정을 먼저 마주하면서 그녀의 잠재의식이 어떻게 인도하는지 따라가 보기로 했다.

대화 이후 시작된 첫 번째 세션에서 죽고 싶다고 느껴지는 마음을 처음 느꼈던 곳으로 인도하였다.

그녀는 방에 혼자 앉아 있는 16살 때의 장면에 도달했다. 16살의 민주는 처음으로 죽고 싶다는 생각을 하고 있었다. 그 이유를 묻자 모르는 사람에게 성폭행을 당한 것 때문이라고 했다. 16살 소녀는 두려움 속에서 자기 자신을 탓하며 괴로워하고 있었다.

자신을 지킬 수 있는 힘과 지혜를 가진 어른이 된 민주 씨가 16살의 민주를 만나도록 안내했다. 그리고 두려움과 분노 안에서 괴로워하고 있는 16살의 자신을 위로하며 사랑과 용기를 주도록 했다. 내면의 빛을 불러 도움을 구하자 그녀에게 아름다운 미래가 기다리고 있으니 용기 있게 나아가라는 말을 하며 격려해 주었다. 그러한 일이 일어난 것이 자신의 잘못이 아니며 더 이상 두려워하지 않아도 된다는 말을 16살의 소녀가 처음부터 받아들이기는 쉽지 않았을 것이다.

하지만 시간이 지날수록 감정이 더욱 명료화되면서 정화되었고, 마음의 문이 열리면서 16살의 민주는 힘을 되찾기 시작했다. 결국 그녀의 마음 안에 있던 16살 소녀는 이제 더 이상 두렵지 않다고 말했고 자신이 소중하고 아름다운 존재라는 것을 받아들일 수 있게 되었다.

최면상태에서 나온 민주 씨는 시간이 2시간 가까이 지났다는 것에 놀라면서 오랜만에 기분이 상쾌하고 편안하다고 했다.

그녀와 함께한 첫 번째 세션에서는 최면의 깊이가 아주 깊었으며 작업이 전반적으로 수월하게 진행된다는 것을 느꼈다. 마치 민주 씨의 잠재의식이 기다리고 있었다는 듯이 문을 열고 길을 알려주면서 마음속으로의 치유 여행을 이끌어주는 듯했다. 계속해서 매주 한 번 또는 두 번 정도 세션을 진행하기로 했다.

두 번째 세션은 일주일 후에 진행되었다. 그녀는 한 주 동안 비교적 괜찮게 지낸 편이었지만 불안이 심할 때는 피부를 긁어서 피가 나기도 했고 울기도 했다고 말했다.

최면상태에서 내면의 빛을 느끼면서 감정을 따라가도록 하자, 그녀는 어머니에 대한 분노와 관련된 장면들로 갔다. 그녀는 어머니의 남자친구에게 괴롭힘을 당했던 10살 때의 장면, 어머니와 아버지가 다투던 10살 때의 장면, 6살 때 어머니가 자신을 두고 남자친구와 놀고 있던 장면으로 갔다. 이러한 장면들에서 민주 씨는 쌓여있던 분노를 있는 그대로 알아차리고 표현할 수 있었다.

자신을 방치했던 어머니와 아버지에게 하고 싶었던 말을 쏟아내고 사과를 받았으며, 어머니의 남자친구에게도 사과를 받고 마음에서 더 이상 영향을 끼치지 못하도록 했다. 모든 장면에서 느끼는 부정적 감정이 정화된 후 최면 상태에서 나오자 마음이 아주 편안하게 느껴진다고 했다.

세 번째 세션에서는 자신이 잘못했다고 느끼며 자해하게 되는 감정에 대해서 직접적으로 다루게 되었다. 부모님에게 혼나면서 불안감과 죄책감을 크게 느끼고 처음으로 몸을 긁기 시작했던 16살 때의 장면과 그와 비슷하게 불안감과 죄책감을 느꼈던 12살, 9살, 5살 때의 장면으로 가서 감정들을 진실하게 마주하고 정화하였다.

네 번째 세션에서는 내면의 지혜와 사랑을 상징적으로 만났는데 민주 씨가 살면서 여러 사람으로부터 받았던 사랑을 마주하고 재확인하며 마음속 깊이 받아들이는 작업을 했다.

그녀는 자신이 그렇게 벌을 받을 만큼 잘못을 하지 않았으며 설령 잘못을 하더라도 용서받고 사랑받을 수 있는 존재라는 것을 정서적으로, 인지적으로 이해하고 수용하게 되었다.

첫 번째 세션을 시작한 지 3주 정도가 지났을 무렵 다섯 번째 세션을 하러 온 민주 씨는 머리가 너무나 맑고 비워진 느낌이 든다고 했다. 자신이 이렇게 괜찮은 것이 스스로 어색하게 느껴질 정도라고 했다.

그런데 사람들이 자신에 대해 긍정적으로 생각하고 대하는 것에 비해서 여전히 자신에 대해 만족감이 느껴지지 않는 것 같아서 슬프다고 했다. 민주 씨는 어렸을 때부터 줄곧 자신이 아닌 부모님을 돕고 만족시키기 위해 애써왔다는 것을 알게 되었다고 했다.

이번에는 이와 관련된 장면들을 돌아볼 수 있었다. 살아오면서 나름대로의 성공을 거두었지만 허무하게 느껴졌던 장면들과 아주 어린 시절에 스스로 원하는 것과 상관없이 부모님의 선택을 따라야 했던 장면으로 돌아가서 자신을 마주하며 그때 느꼈던 마음과 감정들을 돌아보고 정화했다.

세션을 마치고 눈을 뜬 민주 씨는 자신을 인정하고 긍정적으로 수용하는 마음과 자신감이 차오르는 것처럼 느껴진다며 이제 자신을 먼저 보호하고 챙기겠다고 했다.

여섯 번째 세션에 온 민주 씨는 이제 불안감이 거의 느껴지지 않으며 자해행동도 전혀 하지 않고 있다고 했다. 단지 무언가를 선택해야 하는 상황에서 불안감이 올라오는 경우가 있다고 했다.

최면 작업에 상당히 익숙해진 그녀는 어렵지 않게 그러한 불안감을 느꼈던 장면들로 돌아가서 마음을 돌아보고 감정을 정화할 수 있었다. 이후 민주 씨는 금연을 위한 세션을 추가적으로 진행했을 뿐, 당장 다룰만한 마음의 문제가 더 이상 없는 것처럼 느껴질 정도로 안정감을 되찾았다. 마침 그 무렵에 세션을 중단해야 하는 외부상황이 생기면서 세션을 종료하게 되었다.

그녀는 부모님의 불화 가운데에서 자라면서 긍정적인 피드백을 거의 받지 못했고 안정감을 느끼기 어려웠던 것으로 보인다. 부모님의 불화를 중재하는 역할과 부담을 짊어졌지만, 부모님은 오히려 그녀에게 폭력을 행사하거나 방치하면서 더 큰 상처를 주었다. 다행히 성장하면서 사회적인 성공을 거둘 수 있었고 좋은 친구들도 많이 만났지만, 마음속 깊은 곳에서는 항상 자신이 불충분하고 무언가 잘못하고 있기 때문에 벌을 받아 마땅하다는 생각을 멈추기 어려웠으며 어느 곳에도 진정으로 속하기 어려운 외톨이라고 느끼고 있었던 것이다.

세션을 함께 하는 시간 동안 민주 씨는 그동안 자신도 안에 남아 있는지 몰랐던 기억들과 오랫동안 묻어두었던 감정들을 마주할 수 있었고, 그러한 마음의 부분들을 마주하면서 자신을 솔직하게 대하고 위로하며 아끼는 법을 배울 수 있었다.

그리고 자신이 외톨이가 아니라 많은 사랑을 받아온 존재이며 벌이 아니라 사랑을 받기 마땅한 존재라는 것을 확인할 수 있었다. 자신을 신뢰하고 사랑하는 씨앗을 마음속 깊이 심고 키우기 시작한 것이다.

물론 여섯 번 만의 세션으로 민주 씨의 모든 문제가 해결되었다고 볼 수는 없을 것이다. 앞으로 계속 가야 할 내면적 성장과 치유의 길의 지도를 어렴풋이 그리면서 크게 한 걸음을 내디뎠다고는 할 수 있겠다.

이후에도 삶에서 새로운 문제들이 발생하거나 남아 있던 내면의 문제들이 다시 올라올 수 있겠지만, 예전보다 더 수월하게 문제들을 직면하고 극복할 힘이 생겼을 것이라고 믿어 의심치 않는다.

대인불안과
대인기피

문동규
한국 현대최면 마스터 스쿨 서울센터

20대 초반의 남성인 명우(가명) 씨는 어머니와 함께 상담실을 찾았다. 상담 테이블에 앉은 그는 나와 시선을 맞추지 못했고 고개를 푹 숙인 채 불안하고 안절부절못하는 표정이 역력했다. 한 눈에도 대인불안이 극심하다는 것을 알 수 있었다.

함께 온 어머니는 명우 씨가 외부에서만 이렇게 불안해하는 것이 아니라 심지어 집에서 가족과 함께 있는 시간에도 불안해한다며 그를 대신해서 내게 말해 주었다. 특히 이런 문제가 고교시절부터 심해졌다고 말했다.

나는 최대한 그를 안심시키고 편안한 분위기를 제공하며 직접 대화를 나누었다. 그는 이것이 단지 성격 문제라 생각하고 개선해 보고자 군대에 입대했지만 결국 신병훈련 기간 중 '적응장애'라는 꼬리표를 받고 퇴소 되었다고 말했다.

다행히도 명우 씨 스스로가 이 문제를 개선하고 싶다는 의지는 충분히 있는 상황이었기에 상담을 진행하는 데는 무리가 없을 것으로 판단했다.

명우 씨와의 대화를 통해 그가 호소하는 문제들을 정리해 보면 다음과 같았다.

- 극심한 대인불안과 대인기피 증세
- 불특정한 다수에 대한 분노감
- 고독감 및 외로움
- 죄의식 : 어떤 일을 맡았을 때 책임 미완수에 대한 미안함과 죄책감
- 자신감 결여, 의욕상실
- 무기력감
- 낯선 환경에 대한 적응력이 심하게 떨어짐

일단 첫 작업의 방향을 가장 크게 호소하는 감정문제인 불안함의 원인을 발견하고 해소시키기 위해 역행 테라피를 사용한 최면분석을 진행하기로 결정했다. 그는 다행히도 사전면담을 잘 이해했기에 최면유

도에도 잘 따라주었고 기법을 적용할 수 있는 원하는 깊이를 성취했다.

최면상태에서 그와 불안함의 원인을 추적했고 곧 3살 나이에 엄마와 단둘이 집에 있는 장면으로 되돌아갔다. 3살의 명우는 곧 집으로 들어오는 어떤 낯선 아저씨를 발견했다. '누굴까…?' 하는 호기심 어린 마음으로 보고 있는데, 그 아저씨의 손에 칼이 쥐어져 있다는 걸 알아차렸다. 그 순간, 그 아저씨는 쥐고 있던 칼로 갑자기 엄마의 배를 찌르고는 집 밖으로 도망가 버렸다. 어린아이는 엄마의 배에서 피가 흘러 흥건히 바닥을 적시는 장면을 보면서 극심한 공포감을 느끼며 엄마가 죽을까 봐 너무도 불안해했다.

이 감정들을 해소하고 정리하는 과정에서 그는 자신이 평소 낯선 사람에 대해 왜 그렇게 심한 경계심이나 불안감을 갖고 있었는지 알겠다고 말했다.

그런 트라우마를 지닌 그는 학창시절을 거치면서 친구들과의 관계에서 일어난 다양한 사건들을 통해 사람들을 대할 때 조심하는 습관이 무의식에 축적되며 인간관계에 있어 사람에 대해 특정한 대처행동을 강화해 나갔다.

그는 주요한 감정들과 대응방식을 돌아보며 그것을 해소시키고 스스로의 객관적 인식을 통해 통찰해 나갔다. 결국 어린 시절 그러한 대처행동을 만들 수밖에 없었던 내면의 어린 자신과 마주하며 결국 많은 눈물과 함께 자기 자신과의 극적인 용서에 이르렀다.

작업의 말미에 미래의 자신을 떠올렸고 직장 사람들과 어울려 생활하고 있는 긍정적인 자신의 모습을 그렸다. 물론 그곳에서 아무런 불안함도 없었다. 뒤이어 집의 거실에서 가족들과 TV 야구 중계를 보고 있는 일상의 저녁시간을 떠올렸지만 그곳에서 역시 아무런 불안도 없이 편안하게 이야기하고 있었다.

재미있는 것은 그가 떠올린 이러한 미래의 모습이 최면 상담사가 작위적으로 만들어준 모습이 아니라 변화된 내면이 자발적으로 떠올린 자신의 미래상이라는 것이다.

최면에서 돌아 나와서 화장실을 다녀온 명우 씨의 자세에 즉각적인 변화가 있었다. 상담실에 들어올 때 푹 숙이고 있던 고개가 들려있었고 구부정하게 굽어 있던 자세가 펴지며 시선을 맞출 수 있게 된 것이다. 그에게 불안함이 있는지 물어보니 불안하지 않다고 답했다. 일단 긍정적인 반응이었지만 일시적인 암시의 효과일 수도 있고 이후 해결해야 할 나머지 양상들이 계속해서 드러날 수 있으므로 일주일간 피드백을 지켜보며 2회기 상담을 진행하기로 했다.

일주일 후 두 번째 상담을 위해 만난 그의 모습은 첫 상담 때와는 달리 한눈에 보기에도 훨씬 에너지가 느껴졌다. 그는 그동안 힘들어했던 부분이 많이 개선되었다고 말했다. 예를 들어 집이라는 장소에서 지속되던 불안감이 사라졌다는 것이다.

그리고 첫 상담 때 말하지 않았던 문제들에 대해서도 추가로 이야기했다. 그것을 종합해 보면 다음과 같았다.

- 집에서는 불안감이 완전히 사라졌지만, 집 외부의 공간에서는 여전히 불안감이 올라옴
- 사람에 대한 기피
- 거의 매일 아침마다 헛구역질을 동반한 두통이 있음
- 분노(사소한 일에도 분노가 올라옴)
- 무기력감
- 죄의식

이번 작업에서는 다양한 잔여 문제가 존재하는 만큼 회기를 최대한 줄이기 위해 변형된 파츠 워크를 사용하기로 결정했다. 원래의 파츠 테라피라는 접근에서는 하나의 주제를 다루는 작업에서 여러 가지 파트를 동시에 다루지 않는다. 왜냐하면 내면의 여러 파트를 불러냈다가 복잡하게 엉켜버려 난장판이 되어버리는 상황이 발생할 수 있기 때문이다(이러한 상황을 파츠 테라피의 거장 로이 헌터 선생은 '파츠 파티'라고 부른다). 이 작업은 몇 개의 다중적인 양상들을 충분한 시간 동안 한 세션에서 연속적으로 다루기로 한 만큼 파츠 테라피의 큰 원칙들을 크게 벗어나지 않는 선에서 그 변형기법을 적용하여 진행했다.

이 과정들은 다소 복잡하고 전문적인 과정들로 이루어지기에 간단히 그 핵심만을 소개하겠다.

먼저 최면상태에서 드러난 명우 씨의 첫 번째 파트는 '대인불안'이라는 이름의 파트였다. 이 파트는 지난 시간에 처리했던 집이라는 상황에서의 불안함이 아닌, 외부에서 일어나는 불안함과 연관이 있는 파트였다. 이 파트는 원래 남을 잘 따르고 사람들과 잘 지내는 역할을 하고 있었지만 고교시절과 대학시절을 거치면서 친구들과의 관계 속에서 겪은 여러 사건으로 인해 대인관계에서 불안함을 일으키는 일을 하기 시작했다고 말했다. 우리는 이 파트와 함께 그 불안함의 원인을 탐구하고 해소하는 과정을 거쳤다.

그 밖에도 '대인기피', '무기력', '헛구역질을 동반한 두통', '분노', '죄의식' 등 명우 씨가 호소하는 불편함과 연관된 모든 파트를 성공적으로 찾아냈고 그들 각각과 또는 다 함께 해결책을 찾았다. 이는 앞서 언급한 '파츠 파티' 상황이 되지 않도록 고려하며 진행하는 복잡한 작업이라 일반적으로 이 프로세스에 대한 명확한 이해가 없는 초보 최면 상담사들에게는 권장되지 않는 방법이다. 그러나 결국 모든 파트들의 변화와 동의를 받아내었고 꼼꼼한 에콜로지 체크(목표를 달성했을 때 주위 환경에 대한 생태점검)를 거쳐 파트 통합작업으로 의식에 통합되었다.

최면에서 각성하기 전 그는 미래의 어느 날 친구들과 이야기하며 잘 지내고 있는 장면을 떠올렸다. 또한 아침에 기상하는 상황에서도 아무런 두통이나 헛구역질이 수반되지 않음을 체험했다. 최면에서 돌아 나온 그는 한층 더 가벼워진 표정이었다.

다음 세션을 통해 놓친 부분이나 효과가 지속되지 않는 부분은 없는지, 더 강화하거나 추가로 작업해야 할 부분이 없는지 꼼꼼히 살펴야 하는 것이 당연한 상황이었지만, 명우 씨의 개인 사정으로 바로 다음 세션을 진행할 수 없는 상황이었고 그로부터 몇 주가 지나서야 제대로 피드백을 받을 수 있었다.

전화 속 그의 목소리는 처음 상담실에 왔을 때의 그 힘없는 목소리가 아니었고 목소리에 어떤 중심 같은 힘이 느껴졌다.

그는 먼저 집안에서도, 밖을 나갔을 때도 더 이상 이전과 같은 불안함이 올라오지 않았다고 말했다. 또한 사람에 대한 기피문제도 사라졌다고 했다. 무기력감이나 죄의식 또한 들지 않았고 심지어 그는 며칠 전에 있었던 종교행사에 참석해서 여러 사람 앞에서 발표하기도 했다고 말했다. 그동안 자신감도 생겼고 너무 잘 지냈다고 말했다.

집안에서조차 불안해하고 사람 자체를 기피하던 몇 주 전에는 상상도 할 수 없었던 모습이었다. 또 하나 신기한 것은 매일 아침에 기상할 때 올라오던 헛구역질과 두통과 같은 신체 증상 또한 사라졌다는 것이다.

명우 씨가 말한 변화들은 모두 지난번 작업에서 다루어진 부분들이었고 이것은 그 작업에서 변화된 파트들이 현재 자신의 역할을 성실히 수행하고 있다는 것을 반증하는 것이었다.

개인적인 희망으로는 한두 번의 추가적인 작업을 통해 그의 자존감과 자신감을 더욱 굳건히 하는 작업을 진행했으면 했지만, 명우 씨의 개인적 상황으로 당장 작업을 진행할 수 있는 상황이 아니었다. 그래서 우리는 예후를 좀 더 지켜본 뒤 추가로 다루어야 할 부분이 있다면 그때 추가적인 상담을 진행하는 데 합의하고 잠정적으로 상담을 마무리했다.

그리고 나는 그에게 앞으로 사람들 앞에서 말을 하는 기술이나 자세 등에 대해서는 지금부터 시작되는 새로운 경험들을 통해 학습하며 만들고 강화해 나가야 할 부분임을 확실히 해 주고 지속적인 강화를 당부했다. 아직 20대 초반의 나이이기에 그러한 경험이 또래들보다 몇 년 늦춰졌더라도 지금부터 충분히 따라잡을 수 있을 것이라고 말해 주었다.

명우 씨와 같이 여러 가지 복합적인 문제를 가진 모든 사람이 이렇게 짧은 회기로 마무리되진 않을 것이다. 무엇보다 본인이 최면이나 해야 할 작업에 대해 잘 이해하고 적극적인 개선 의지를 갖고 잘 따라주었을 뿐 아니라 그 원인이 비교적 명확하게 밝혀진 사례였기에 이렇게 단 2 회기의 상담 만에 극적인 결과가 나올 수 있었던 것이다.

극심한 분노,
그리고 용서 치유

권동현
한국 현대최면 마스터 스쿨 부산센터

이 글은 분노와 화의 감정을 제어하지 못했을 때 인생에서 나타나는 많은 여러 가지 문제들을 단편적으로 보여주고, 이 감정들을 놓아버릴 때 비로소 자유로운 삶을 찾을 수 있다는 것을 우리에게 알려주는 사례이다.

화창한 봄날, 중년의 여성으로부터 전화를 받았다. 그녀의 목소리는 매우 부드럽고 나긋했지만, 그녀의 말에는 주체할 수 없는 화와 분노가 느껴졌다. 당장에라도 남편을 독살할 것만 같고, 남편에 관한 극심한 분노와 내면의 끓어오르는 화를 상담을 통해 해결하고 싶다고 했다.

50대 후반의 이유희(가명) 씨의 겉모습은 품위 있어 보였지만 손과 얼굴에서 보이는 깊은 주름은 그동안 그녀가 얼마나 마음고생 하면서 살아왔는지 짐작할 수 있었다.

따뜻한 녹차를 마시며 우리는 최면 사전면담을 시작했다. 그녀가 호소한 주요한 문제는 분노라는 감정의 문제였지만, 사전면담 중 그녀가 분노뿐 아니라 다양한 복합적인 감정문제들을 갖고 있다는 것을 알았다.

그녀는 자신의 삶 전체를 부정했다.

어린 시절 아버지는 집을 나갔고, 이에 화가 난 어머니는 생계가 힘들어 아이들을 버리고 집을 나갔다. 오갈 데 없어진 그녀는 두 명의 오빠가 있는 한 가정으로 입양을 가게 되었다. 그동안 힘들었던 그녀의 과거가 보상인 것처럼 입양 후 그녀는 행복한 삶을 살게 된다. 하지만 그 기쁨은 오래 유지되지 못했다.

어느 날, 한 살 많은 둘째 오빠에게 성추행을 당했고, 충격받은 그녀는 견디지 못하고 무작정 서울로 도망쳤다. 어린 나이에 낯선 서울에서 먹고 사는 일은 만만치 않았다. 어린 그녀가 할 수 있는 일은 많지 않았기에 수많은 공장을 전전하면서 생활했다.

그리고 성인이 되면서 다시 고향으로 가게 되면서 그녀의 인생 2막이 시작된다.

그녀는 우연히 한 남자와 성관계를 가지게 되고, 임신까지 하게 된다. 그녀는 결혼할 생각이 전혀 없었지만 임신으로 인해 결혼생활을 시작하게 된다.

그녀는 아버지 같은 남자를 만나지 않겠다는 오랜 다짐이 있었고, 엄마처럼 살지 않겠다는 각오가 있었다. 그래서 남편에게 '다른 여자를 만나지 않을 것'이라는 각서를 받고 난 후 결혼을 했다.

그러나 남편은 그녀가 원한 그런 남자가 아니었다. 그녀는 자식 셋을 낳고 살면서 한참 뒤 남편이 다른 여자들을 만났다는 걸 알게 되었다.

남편에 대해 배신감과 함께 끓어오르는 분노를 느낀 그녀는 이혼을 선택했다.

그녀 혼자 세 아이를 키워냈고, 가난하지만 최선을 다했다. 그리고 그런 자신을 사랑하고 주어진 환경에 만족하면서 지냈다. 유희 씨와 이혼한 남편은 다른 여성과 재혼해 잘 살았다. 하지만 남편과 살던 그 여성은 사고로 인해 뇌사 상태가 되었고, 그녀는 얼마 남지 않은 삶을 이어나가고 있었다. 상황이 나빠지자 남편은 그녀에게 재결합을 요청했다.

그녀는 두 번 다시 결혼생활을 하지 않을 거라 생각했지만, 경제적인 문제들을 고려해 다시 합치기로 결심했다. 남편은 오랫동안 부동산 사업을 하는 사업가였기에 많은 돈을 벌었고 부동산도 여러 채 소유하고 있었다. 하지만 재결합하고 나서 알게 된 사실이지만, 남편 사업이 망하면서 남아 있는 재산이라곤 아무것도 없는 상태였다.

남편은 그녀와 살림을 합치고도 여전히 전 부인 병문안을 매일 다녔으며 유희 씨에게는 여전히 친절하지 않았다. 심지어 남편은 그녀에게 많은 것들을 요구하기 시작했다. 남편에 대해 분노와 화의 감정이 느껴졌지만, 그녀는 참아가며 남편의 요구들을 하나씩 들어주기 시작했다. 그러자 어느 순간부터 남편의 요구는 도가 지나칠 정도로 늘어나기 시작했다. 그녀는 그런 남편에 대해 화와 분노의 감정이 불기둥처럼 솟아오르더니 주체할 수 없을 만큼 분노는 커져만 갔다.

심지어 며칠 전 남편은 유희 씨에게 이런 말도 했다.
"병원에 누워있는 집사람이 꼼짝도 못 하고 누워서 똥, 오줌을 싸서 엉덩이가 계속 젖어 있으니 자주 가서 좀 닦아주고 마사지도 해 줘라."
그 말을 들은 순간부터 그녀는 그동안 참고 눌러 놓았던 분노의 감정들이 폭발하기 시작했고, 그 분노는 거침없이 부정적인 생각으로 이어졌다.

어떻게 하면 남편을 쉽게 죽일 수 있을지 생각하게 되고, 수많은 생각이 마치 실제처럼 생생하게 느껴질 만큼 상상되었다. 그녀는 자신을 이대로 내버려두면 정말 어떤 짓을 저지를지 몰라 위험하다고 판단했으며, 최면상담으로 내면의 분노를 해결하고 싶어 했다.
외부로 향해 있는 미움과 분노의 수많은 가시가 자신의 내면에 자리 잡고 있어, 그 가시들을 최면상담을 통해 잘라내고 싶다고 말했다.

첫 상담에서 남편에 대한 미운 감정들을 전반적으로 해소했다. 남편에 대한 증오와 분노의 감정들을 하나씩 다루기 시작했다. 극에 달했던 미움의 감정들은 조금 줄어들었고, 첫 상담은 그렇게 마무리되었다.

그리고 일주일 뒤 우리는 다시 만났다. 그동안 유희 씨에게 몇몇 큰 변화들이 있었다.

먼저 남편에 대한 미운 마음이 사라졌을 뿐만 아니라, 신기하게도 그녀가 오랫동안 피웠던 담배를 완전히 끊게 되었다는 것이다. 이전에는 담배를 피우지 않으면 견딜 수 없이 힘들었는데, 일주일 동안 담배를 피우지 않아도 아무런 문제가 생기지 않았다. 지난 상담에서 직접적으로 다루지 않았던 담배에 대한 문제가 함께 해결된 것이다. 이 경우 담배를 피우는 원인에 감정적인 요소가 강하게 개입되어 있었을 것이고 해당 감정이 해소되면서 흡연 욕구 자체가 사라졌을 수 있다. 실제로 감정적인 원인을 다루는 종합적인 최면상담 과정에서 이와 유사한 일들이 일어나는 경우는 흔하다.

그리고 일주일 동안 남편이 아닌, 자신을 힘들게 했던 다른 사람들과의 갈등이 떠오르면서 유희 씨 내면에서 분노가 일어났다. 그 분노의 대상은 병원에 누워있는 남편의 전 부인에 대한 것이었다.

두 번째 상담은 그녀 내면에서 올라오는 분노의 감정과 관련해 연령

역행을 진행했다.

지시에 따라 그동안 이완 훈련을 열심히 한 결과 유희 씨는 최면의 깊은 상태(섬냄불리즘)를 수월하게 확보할 수 있었다. 그녀를 깊은 상태로 유도한 뒤 분노와 관련된 원인을 찾기 시작했다.

최면상태에서 그녀는 7살의 나이로 돌아갔다.

7살 아이는 어둠이 내린 저녁, 4살 남동생과 함께 골목길 모퉁이에서 엄마를 기다리고 있다. 어느 터널 안에서 기다리라고 하고 사라진 엄마는 저녁 무렵이 될 때까지 돌아오지 않고 있었다.

어린 유희는 언제 돌아올지 모를 엄마를 하염없이 기다리면서 한편으론 배고픈 동생을 걱정하고 있다. 해는 지고 날은 어두워 무섭고, 어떻게 집으로 돌아가야 할지 막막하기만 하다.

아무리 엄마를 기다려도 오지 않자 결국 유희는 어린 동생을 데리고 집으로 간다.

동생이 하루 종일 차고 있던 면 기저귀는 오줌이 흘러내릴 정도로 젖어 있지만 빨아놓은 기저귀 하나 없어 갈아줄 수도 없다. 어쩔 수 없이 흠뻑 젖은 기저귀를 계속 차고 있을 수밖에 없었다.

추운 겨울, 방은 하루 종일 연탄불이 꺼져 있어 차디찬 냉골이고, 하루 종일 굶주려 배가 고프지만 집에 먹을 것이라고는 아무것도 없어 동생과 함께 배고픔을 참아야만 했다. 어떠한 것도 할 수 없는 아이는 차가운 방에서 동생을 안고 잠이라도 자길 청한다.

춥고 배고파 잠이 오지 않자 아이는 여러 가지 생각을 하게 된다. 가출한 아버지가 밉고, 자신과 동생을 버리고 떠난 엄마를 원망하면서 잠을 청해 보지만 잠은 쉽사리 오지 않는다. 여러 가지 생각을 하다 어느새 깜빡 잠이 들었다. 그리고 잠에서 깨어보니 아침이 밝았다. 추운 방에서 정신을 차리고 동생을 깨웠지만, 4살 동생은 꼼짝도 하지 않고 단단하게 굳어 있었다. 동생의 손은 싸느랗게 식어 있었고, 일어나라고 아무리 흔들어 깨워도 동생은 꿈쩍도 하지 않았다. 그렇게 어린 동생은 죽어 있었다.

어린 나이라 죽음이라는 것이 무엇인지 잘 모르지만, 내면에서 화라는 감정이 올라온다. 동생은 배가 고파 굶어 죽었을 것이라고 생각된다. 어린 유희는 마을에 있는 큰집으로 가서 이 사실을 알린다. 이 소식을 듣고 가출했던 아버지가 집으로 돌아왔고, 아버지는 동생을 이불에 싸더니 산으로 올라가 땅을 파고 동생을 묻어 버린다. 어린 유희는 그런 모습을 지켜보면서 동생에게 미안한 감정을 느끼게 된다.

그리고 동생을 데려가는 아버지의 모습, 산 중턱에 동생을 대충 묻어버리고 내려오는 아버지의 모습에 걷잡을 수 없는 분노가 치밀어 오른다.

산 중턱에 동생을 묻었지만 아무런 표시도 없다. 무덤의 흔적도 없고, 푯말 하나 없다.

동생을 그렇게 묻어버린 아버지보다, 기다리란 말을 하고 떠나버린 엄마의 거짓말에 더욱더 분노가 솟구친다. 서글퍼 울면서 잠을 청하지만, 왠지 모를 분노와 화가 계속 올라온다.

아이는 이 분노를 주체할 수 없었다.

이어서, 분노와 관련해 더 이전의 시기로 돌아간다. 아이는 5살로 역행했고, 마을 공터에 동네 사람들이 모여 있는 장소에 있다. 그곳에는 엄마와 아빠가 싸우고 있고, 아빠는 엄마에게 무자비하게 폭행을 가하고 있다. 이런 아빠에게 반항이라도 하듯이 엄마는 아빠를 향해 거침없이 욕설을 퍼붓는다. 동네 사람들은 재미난 구경거리라도 생긴 것처럼 누구 하나 말리지 않고 싸움 구경을 하고 있다. 5살 아이는 싸움을 말리지 않는 동네 사람들이 이해가 되지 않았고, 맞고 있는 엄마를 보면서 아빠에 대해 분노가 치밀어 오른다. 동네 사람들이 점점 더 모이자 아빠는 택시를 잡아타고 그곳을 빠져나간다.

두들겨 맞아 온몸이 상처투성이가 된 엄마는 길바닥에 주저앉아 울고 있다. 엄마는 오늘 큰집에 제사음식을 하러 갔다가 아빠가 딴 여자와 살림을 차렸다는 사실을 뒤늦게 알게 되어 이 싸움이 일어난 것이다.

5살이 느낀 화와 분노의 감정들과 아이가 느끼는 두려운 감정들을 해소시켜야 했다.

먼저 58세의 어른부터 이런 상황과 경험을 온전히 이해하고 통찰시키기 위해 노력했다. 하지만 어른인 현재의 유희 씨는 이런 상황들을 이해하고 싶어 하지 않았다. 이해하기는커녕 어린 시절 동생과 함께 죽었어야 했다며 오히려 어린 자신을 향해 비난과 분노의 감정을 퍼붓기 시작했다.

통찰하지 못한 어른과 함께 내면에 억눌러 놓았던 감정들이 이해되고 받아들일 수 있도록 내담자 중심의 최면 작업은 꽤 오랜 시간 동안 진행되었다. 결국 이런 과정 후에 어른이 먼저 조금씩 이런 상황들을 이해하기 시작했고 통찰했다. 이후 가슴 속 쌓여있던 응어리들을 하나씩 풀어내면서 그녀의 억눌린 감정들이 해소되기 시작했다.

어른 자아는 내면의 상처받은 어린 자아를 향해 진심으로 용서를 빌고, 아이를 위로하기 시작했다. 내면의 상처받은 다섯 살을 뜨거운 눈물로 안아 주었고, 진심 어린 사과와 끝없는 사랑을 표현했다. 그리고 온전한 화해와 함께 자기용서를 이어나갔다.

이후 사람들과 관련된 용서 테라피를 이어서 진행했고, 그들을 진심으로 용서하고 마음속에서 더 이상 붙잡지 않고 자유로울 수 있도록 떠나보내 주었다.

또한 그렇게 떠나보낸 4살짜리 동생에 대한 미안함과 죄책감에 관한 작업도 진행되었다.

홀로 모진 세상을 살면서 늘 가슴 한편에 동생에 대한 그리움과 미안함, 죄책감을 느끼면서 살아왔고, 50년이 넘게 내면에 갇혀 있었던 그런 감정들 또한 가슴속에서 완전히 해방시켰다.

이 과정에서 유희 씨의 내면에 간직하고 있던 어린 동생은 오히려 그런 누나를 달래 주었고, 남아 있는 누나의 삶을 축복해 주었다. 유희 씨 역시 동생에게 진심으로 감사와 사랑을 전했다. 먼 훗날 만나자는 약속과 함께 동생과의 이 삶에서의 인연을 마무리했다.

이 세션을 통해 그녀는 그렇게 오랜 세월, 표출하지 못하고 내면 깊숙한 곳에 담아두었던 너무나 크고 묵은 감정들과 많은 눈물을 쏟아냈지만, 눈물을 흘리는 그녀의 모습은 오히려 행복해 보였다.

그렇게 두 번째 상담을 마무리하면서 그녀에게 생활 속에서 스스로 정화하기 위해 실천할 수 있는 몇 가지 방법들을 알려주었고, 우리는 일주일 뒤에 다시 만남을 가졌다.

일주일 후 만난 유희 씨의 피드백을 통해 그녀의 생활에 기적 같은 많은 변화가 일어났음을 알 수 있었다. 그녀는 자신의 기분을 "내면 깊은 곳에 있는 모든 쓰레기를 다 태운 것 같아요!"라고 표현했다.

두 번째 상담이 끝난 그 날 저녁, 그녀는 자녀들에게 자신의 생각을 전했다고 한다. 그동안 충분히 사랑하지 못해 미안하다고 사과했고, 자녀들도 그런 엄마의 사과에 진심으로 용서해 주었다. 그녀는 홀로 자식들을 키우면서 남편에 대한 미움과 분노가 고스란히 자식들에게 표출되었고, 그로 인해 충분히 사랑해 주지 못했다며 진심으로 자녀들에게 사과하고 용서를 구했다.

그녀의 변화는 이뿐만이 아니었다.

이튿날 남편에게도 무릎을 꿇고 진심으로 미안하다고 사과했다. 지금껏 단 한 번도 자신의 남편으로 인정해 주지 못한 것에 대해 용서를 구했다. 그동안 남편을 사랑해 주지 못했고, 자신에게 한 번도 사랑받지 못한 불쌍한 남편을 알아차리고 보듬어주었다. 남편 역시 그녀에게 자신이 그동안 살면서 잘못했던 점에 대해 용서를 빌었다. 남편 또한 너무나도 변한 유희 씨의 모습에 깜짝 놀랐다.

우리가 상담에서 다루지 않은 인물과 연관해서도 놀라운 변화가 일어났다.

그녀는 이후 남편의 전 부인이 입원해 있는 병원에 매일 같이 문병을 갔다. 그리고 문병 갈 때마다 그녀를 진심으로 걱정하며 닦아 주고 마사지해 주었다. 그리고 그녀에게 "그동안 남편과 살아줘서 고맙고, 앞으로 언니 동생으로 친하게 지내자."고 자신의 감정을 이야기했다. 누워있는 전 부인이 유희 씨의 말을 알아듣든 못 알아듣든 그건 전혀 중요하지 않았다. 중요한 것은 변화된 자신의 마음이었다.

그녀는 그동안 돌보지 못한 상처받았던 내면의 어린 자신을 돌보기 시작했고, 이후 그런 그녀는 마치 새사람이 된 것처럼 변했다.

세 번째 상담에서 그녀는 둘째 딸과 함께 상담실을 방문했다. 딸은 감사의 인사를 전하기 위해 기어코 엄마를 따라 방문했다며 이렇게 말했다.

"엄마를 상담해 주신 선생님이 누구신지 궁금했고, 직접 얼굴을 뵙고 감사인사를 드리고 싶어 함께 왔어요. 저희 엄마를 이렇게 긍정적으로 변할 수 있게 해 주셔서 진심으로 감사합니다. 세상에, 우리 엄마가 이렇게 변할 수 있다니 정말 놀랍습니다!"

수많은 세션에서 분노와 관련해 구조화된 용서 테라피를 진행하고 있지만, 유희 씨는 특히 기억에 남는 내담자 중 한 명이다. 많은 사람이 증오나 분노의 대상을 향해 저주를 퍼붓고 있지만, 사실 그 분노는 나 자신도 모르게 자신의 입속으로 스스로 독약을 붓고 있는 행위와 같은 것이다.

달라이 라마는 용서에 대해 이렇게 말했다.

"용서란, 우리에게 상처를 준 사람들을 향한 미움과 원망의 마음에서 스스로를 놓아주는 일이다. 그러므로 용서는 자기 자신에게 베푸는 가장 큰 자비이자 사랑이다."

용서는 남을 위해 하는 것이 아니라 나 자신을 위한 선물이며, 얽혀 있던 덫에서 벗어날 수 있는 해법이기도 하다. 따라서 분노가 자신의 모든 것을 해치고 있다는 것을 인식하고 알아차릴 때 비로소 그 행위를 멈출 수 있게 된다. 그리고 그 방법은 '용서'뿐이다.

유희 씨 역시 더 이상 자신을 해치지 않을 것이라는 선택과 내면에 붙잡고 있던 분노의 대상들을 용서하고 놓아버림으로써 그동안 꽁꽁 묶여있던 분노라는 올가미에서 자유로워질 수 있었다. 그녀는 이 과정을 통해 진정한 자유인으로서 새로운 인생을 맞이하게 되었다.

그녀가 남은 인생 동안 용서의 의미를 되새기면서 축복된 걸음과 함께하기를 기도해 본다.

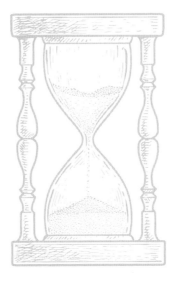

이번에는 일반적인 고급 최면상담에서 찾아보기 힘든 특별한 접근법을 적용한
사례를 소개하고자 한다. 이 사례는 '울트라 뎁스® 프로세스'라는 일반적인
최면의 범주를 넘어선 궁극의 깊이를 적용한 사례로 '스테이징 프로세스'라는
독특한 과정을 기반으로 한다.

또한 이 과정에서 우리 내면의 가장 영감적인 의식의 일부분인 잠재의식으로부터
직접적인 도움을 받게 되는 놀라운 일들이 벌어지는 경우들이 있는데 다음의
사례는 그러한 사례 중 하나이다.

히스테리성 발작과 전환장애 :
울트라 뎁스® 프로세스

권동현
한국 현대최면 마스터 스쿨 부산센터

20대 중반의 예솔(가명) 씨는 히스테리성 발작과 전환장애 진단을 받고 양방과 한방에서 이 증상들을 치료하기 위해 약물치료를 받고 있었다.

예솔 씨는 스트레스에 매우 취약했으며, 어떤 치료를 해도 몸이 회복되질 않았다. 발작과 전환장애의 증상으로 인해 수없이 병원에 입원했고 여러 번의 심리상담, 기공치료, 한방치료, 기타 등등 다양한 보조적인 치료들을 받았으나 크게 효과를 보지 못했다.

어린 시절부터 바이올린 연주를 했던 그녀는 그 누구보다 바이올린 연주하는 데 있어 자신감이 넘쳤다. 하지만 그녀가 원하는 서울 명문대에 입학하지 못하면서 그녀의 자존감은 바닥으로 곤두박질치기 시작했다.

그로 인해 바이올린은 스트레스의 가장 큰 원인이 되었다. 바이올린을 포기할까 수없이 많은 생각도 했지만, 바이올린을 대체할 수 있을 만한 대안이 그녀에게는 없었고, 억지로 다시 바이올린을 잡을 수밖에 없었다.

바이올린 연주를 시작하기 전부터 '연주를 잘하지 못할까 봐, 실수하게 될까 봐' 불안해지기 시작했고, 그런 불안한 생각들은 신체적인 증상으로 나타나기 시작했다.

처음에는 불안하다는 생각으로 시작되다가 나중에는 심장이 두근거리면서 날이 갈수록 이 증상들은 심각해져 갔다. 심장 두근거림은 가슴 답답함으로 이어졌고, 급기야 가슴의 통증으로 번져나가기 시작하면서 숨을 쉬는 것조차 어려워졌다.

자기 생각대로 되지 않는 이런 상황에 화가 났고, 자신의 삶에 대해 아무런 미련도 남아 있지 않았다. 그래서 그녀는 자살을 시도했다. 다행히 곧바로 병원으로 이송될 수 있었고 수술과 입원치료를 하면서 목숨을 건질 수 있었다.

이 사건 이후로 예슬 씨는 더욱더 우울했고, 자기 뜻대로 몸이 전혀 움직여주질 않았다. 자신의 의지와는 전혀 상관없이 손이 떨리기 시작했고, 다리도 힘이 풀려 제대로 일어설 수조차 없었다.

손가락은 의지와 무관하게 저절로 펴지면서 제멋대로 움직이기 시작했고, 수시로 발작증세가 일어나기 시작했다. 예솔 씨가 유일하게 잘할 수 있던 바이올린 연주조차 더 이상 할 수 없게 되었다.

어릴 때부터 악기 연주를 하면서 많은 전문가에게 인정받았고, 그녀가 유일하게 잘할 수 있는 바이올린을 포기하는 것은 그녀에게 쉬운 일이 아니었다.

몇 년 동안 신체적인 증상들이 조금 나아지자 20대 중반의 나이에, 바이올린 전공으로 지방의 대학에 입학하게 되지만, 늦은 나이에 입학하다 보니 동기들과의 경쟁에서 뒤처졌다.

그리고 자신이 원하는 대학에 입학하지 못한 것에 대해 자존심이 많이 상해있었다. 심지어 명문대에 입학하지 못해 자신을 실패한 사람이라고 낙인찍었다. 예솔 씨는 언제나 외로움을 느꼈고, 남자친구가 있어도 외로움은 채워지지 않았다. 그리고 대인관계에 있어 어느 누구와도 함께 어울리지 못했으며 날이 갈수록 스트레스는 커졌다.

바이올린 연주를 할 때마다 답답함을 느꼈고, 자신의 신체적인 증상들로 인해 악기를 연주할 수 없다는 것을 너무나 잘 알고 있었다.

그녀가 원하는 것은 학교를 자퇴하는 것, 바이올린 대신 다른 전공을 선택하는 것, 그녀가 원하는 명문대에 입학하는 것이었으나 그 어떤 것도 할 수 없다는 생각에 우울했다.

예솔 씨는 작은 키에 마른 몸이었고 퀭하고 창백한 모습이었다. 많은 치료나 보조요법들을 시도했고 그 결과 만족스럽지 못했던 그녀의 경험들이 있었기에 최면상담에 대해서도 어느 정도 회의적인 태도를 보였다. 단지, 최면상담을 진행하는 동안 다니고 있는 학교에 공식적으로 결석해도 된다는 생각에 상담을 진행하기로 한 것이다.

이런 예솔 씨를 상담하기 위해 일반적으로 접근하는 최면상담 방법이 아닌, '울트라 뎁스® 프로세스'라는 접근법을 적용하기로 했다. '울트라 뎁스® 프로세스'는 최면의 가장 깊은 상태들을 성취하는 작업으로 현재 의식뿐만 아니라, 내담자의 잠재의식의 도움을 받아 진행되는 고난이도 작업이다.

어려운 과정이지만 만약 예솔 씨가 이 상태들을 달성할 수 있다면 수없이 많은 긍정적인 기법들을 동시에 적용할 수 있으며 이것은 그녀의 남은 생애 동안 가장 큰 자산이 될 것이다. 무엇보다 씨코트 상태에서 일어나는 자가 치유와 내적 소통은 그녀의 인생에 꼭 필요할 것이라 여겨졌다.

먼저 예솔 씨를 '깊은 섬냄뷸리즘'이라고 불리는 최면의 가장 깊은 상태를 성취할 수 있도록 유도했다. 다행히 예솔 씨는 이 상태를 한번만에 성취했다. 섬냄뷸리즘 이하의 상태들을 성취하는 것은 뭔가를 '놓아버리는 것'과 연관된다.

예솔 씨는 이미 삶을 포기하려 시도했던 그 경험이 역설적이게도 오히려 이런 '놓아버림'을 쉽게 성취할 수 있도록 한 것 같았다. 그리고 언제, 어디에 있든지 자신이 원할 때 스스로 즉시 이 상태로 되돌아올 수 있도록 즉각적인 자가 최면을 할 수 있는 방법도 훈련했다.

5회기 과정을 통해 '울트라 뎁스® 프로세스'의 주요상태들인 섬냄뷸 리즘, 에스데일, 씨코트 상태까지 한 단계씩 모든 상태를 완전하게 성취했고 각 상태로 되돌아올 수 있는 신호들이 장착되었다. 이 과정에서 내면의 프로그램들을 다시 재프로그램하는 '울트라 뎁스® 프로세스'의 몇 가지 특정 테크닉들을 적용하는 작업도 병행했다.

여러 번 상담을 진행하면서 그녀의 잠재의식의 도움을 받아 신체적인 통증과 감정적인 문제들에 대해 여러 가지 기법들을 적용하면서 상담을 진행했다. 예솔 씨 또한 상담시간 외에 집에서 머무는 동안 스스로 씨코트 상태를 비롯한 각 상태에 머물며 자가 힐링을 촉진했다.

이 작업들을 진행한 지 얼마 지나지 않아 그녀의 신체기능은 발작이나 전환장애의 증상으로 나타나는 마비에서 벗어나 완전히 정상적으로 되돌아왔다. 이것은 깊은 이완과 잠재의식이 행하는 자가 회복의 결과였다.

이제 그녀는 자신의 몸과 마음을 컨트롤할 수 있게 되었고, 이와 함께 예솔 씨의 깊은 내면의 본질적인 부분인 잠재의식과 소통을 시작할 수 있도록 TCT™라는 소통기법을 비롯한 몇 가지 소통훈련 방법을 가르쳐 주었다.

예솔 씨는 이에 잘 따라주었고 그러한 소통 방식에도 점차 익숙해지기 시작했다. 그녀는 잠재의식으로부터 오는 메시지들을 이해하고, 알아차리면서 통찰해 나갔다. 그리고 그녀의 변화는 눈에 띌 정도로 급격하게 나타나기 시작했다.

잠재의식과 소통능력은 점점 더 발전되었고 더 나아가 외부 사물들의 에너지와도 교감하기 시작했다. 그녀의 잠재의식으로부터 나오는 소통과 교감능력은 나날이 향상되고 있었다.

일반적으로 이러한 궁극의 이완을 성취한 피험자들은 내면의 영감적인 부분이 활성화되며 생활 속에서 순간순간 직관이나 영감적인 부분이 도드라지게 나타나는 경향을 보인다. 실기시험을 치르는 어느 날, 예솔 씨는 문득 그녀의 내면으로부터 올라오는 메시지 하나를 알아차렸다.

그것은 악기의 특정 부분을 잘 체크해야 한다는 것이었고, 지금까지 정확히 체크하지 않았던 그 작은 부분 때문에 중요한 연주가 있던 결정적인 순간에 반복해서 문제를 일으켰다는 것이다.

예솔 씨는 자신의 악기를 체크하고는 놀랄 수밖에 없었다. 어린 시절부터 늘 반복해서 해 왔던 것이었고, 그런 기본적인 실수는 있을 수도 없는 일이었지만 지금까지 그 기본적인 것을 간과하고 있었던 것이다. 자신이 왜 그런 말도 안 되는 실수를 하게 되었는지 스스로 이해할 수 없었고, 당황스러웠다.

예솔 씨는 즉시 그 부분을 수정했고, 그날 시험에서 실수 없이 좋은 성적을 받을 수 있었다. 늘 실수할까 봐 불안했던 그녀는 과거에 자신이 실수를 반복했던 이유를 알게 되었고 그날 이후부터 실수하는 일도, 더 이상 불안함을 느낄만한 일도 일어나지 않았다.

'울트라 뎁스® 프로세스'의 상태들을 성취하며 변화해 나가는 많은 사람이 있지만, 예솔 씨의 경우 소통에 관한 부분을 비롯한 모든 면에서 놀랄 정도로 두드러졌고 극적인 변화를 생활 속에서 느끼고 있었다.

부가적으로 예솔 씨에게 '울트라 뎁스® 프로세스'의 '기억-회상 테크닉'이라고 불리는 기법을 적용하기 시작했다. 참고로 '기억-회상 테크닉'은 이 프로세스의 모든 상태를 성취한 내담자가 사용할 수 있는 기법으로, 한번 본 내용을 뇌에 저장하고 시험장 등에서 반응하도록 하는 학습과 관련된 기법이다. 이것은 시험을 앞둔 경우 사용될 수 있고 시험 스트레스를 줄여줄 수 있다.

예솔 씨의 시험은 책 내용을 암기하는 것은 아니지만, 악보를 외우고 그 음들을 외우느라 어려워하는 부분이 있었기에 이 작업을 진행했다. 이 세션은 부가적인 4회기에 걸쳐 진행되었고 다행스럽게도 예솔 씨는 이것을 꾸준히 훈련한 결과 수월하게 성취할 수 있었다. 그리고 예솔 씨는 한번 들은 음들을 그대로 재현해낼 수 있게 되었다.

또 강의 시간 교수님께서 레슨해 주는 모든 내용을 그대로 연주하며 좋은 성적을 얻을 수 있었다. 실기 연주를 해야 하는 시험기간만 되면 떨리고 자신 없어 하던 지난날의 그녀는 더 이상 없었다.

그리고 그녀와 상담 막바지에 이르렀을 때, 의식이 배제된 씨코트 상태에서 그녀의 잠재의식은 그녀에 관한 몇 가지 것들에 대해 언어적으로 알려주었다.

씨코트 상태에서 그녀의 잠재의식은 우리가 그동안 진행했던 모든 과정이 완벽했고, '기억-회상 테크닉'도 매우 잘 작동되고 있다고 말했다. 그녀가 소통하는 과정에서 아직까지 잠재의식에서 올라오는 정보를 온전하게 알아차리지는 못하고 있지만, 앞으로 차츰 이 소통이 원활해질 것이라고도 말했다.

잠재의식은 자신을 지칭할 수 있는 이름을 알려주었고, 앞으로 소통할 때마다 그 이름으로 불리길 원했다. 그녀의 마비증상은 스트레스에서 시작된 것이며 그동안 해 왔던 자가 치유의 과정을 통해 지금은 완전히 회복되었다고 했다. 그리고 이 회복은 다른 약물의 영향이 아닌, 잠재의식이 일으킨 자가 치유의 결과라고 말했다.

그녀의 잠재의식은 예솔 씨의 신체 통증, 감정과 기억, 프로그램된 정보들을 수정하는 데 적극적으로 도움을 주었다. 과거 예솔 씨를 고통스럽게 했던 불안이나 발작증세, 우울감 등 기타 모든 증상도 거짓말처럼 사라졌다.

자신에 대한 신뢰가 회복되면서 더 이상 죽고 싶다거나, 자존감이 떨어진다는 생각은 들지 않았고, 심각한 감정 폭식 증상들도 완전히 사라졌다.

이에 덧붙여 그녀의 잠재의식은 앞으로 예솔 씨가 겪게 될 몇 가지 일들에 대해서도 말해 주었다. 훗날 그녀가 미국으로 유학을 가게 될 것이며 앞으로 불안과 관련해 뿌리 깊게 숨어 있는 감정들 또한 정화해 나갈 것이라고 했다. 그리고 예솔 씨에게 더 이상 화학적인 약물은 필요치 않다고 말했다.

실제로 그 다음 날부터 예솔 씨는 약 복용을 중단했지만 어떠한 불편함도 느끼지 못했고 오히려 편안함을 느꼈으며, 더 이상 그녀에게 약은 필요치 않았다. 예솔 씨 역시 그렇게 극적으로 변화된 자신에 대해 놀라워했다. 옆에서 이 과정을 지켜보던 가족들 또한 너무나 크게 변한 딸의 모습에 놀랄 수밖에 없었다.

이런 극적인 변화는 그녀가 잠재의식에 초점을 맞추고 하루에도 몇 번씩 소통과 함께 즉각적인 자가 최면을 실천한 결과였다. 예솔 씨는 생활 속에서 늘 스스로 이런 깊은 상태들로 돌아오는 자가 최면을 배운 대로 열심히 실천했고, 매번 이것을 진행할 때마다 현재 의식은 가장 궁극적인 의식의 바닥으로 떨어졌다. 그리고 그 상태에서 '오버라이드(override)'된 잠재의식은 예솔 씨가 치유될 수 있도록 자가 힐링을 촉진시켰다. 그리고 몇 가지 알려준 정화방법 또한 빠트리지 않고 매일매일 실천해나갔다.

예솔 씨가 씨코트 상태에 머물 때, 활성화된 그녀의 잠재의식은 몸의 회복에 대한 도움뿐 아니라, 예솔 씨의 의식 차원에서 인생과 삶의 목적과 가치에 대해 통찰하고 더욱 성장할 수 있도록 다양한 메시지들을 꿈의 형태로 떠올려주기도 했다.

그녀의 잠재의식은 우리가 다음에 만나야 할 날을 지정해 주기도 했다. 그날 어떤 작업을 해야 하는지도 알려주었다. 우리의 다음 만남은 잠재의식이 지정해 준 두 달 뒤의 특정 날짜에 이루어졌고, 그로부터 정확하게 1년 뒤 다시 한번 만남을 가졌다. 그것 또한 예솔 씨 잠재의식의 요청이었다.

1년 뒤 만났을 때 다시 씨코트 상태에서 언어적인 소통을 이어간 그녀의 잠재의식은 현재 의식을 향해 그동안 잘해 왔고 현재도 잘 실천하고 있는 것에 대해 칭찬과 고마움을 전했다. 그리고 그녀의 현재 의식 또한 그 기간 동안 잠재의식을 통해 많은 내적 성장이 있었던 듯 보였다. 잠재의식이 아무리 활성화되더라도 의식이 성숙하지 못하거나 중심을 잡지 못한다면 여러 가지 크고 작은 문제들을 일으킬 수 있다. 하지만 그녀는 알려준 것들을 매일 꾸준히 실천해 왔고, 이런 그녀의 성실함이 대견하게만 느껴졌다. 그리고 우리는 그 회기를 끝으로 상담을 종료하는 데 합의했다.

마지막 상담을 끝낸 몇 년 뒤, 예솔 씨의 어머니로부터 반가운 안부 전화를 받았다. 어머니는 감사의 인사를 전해 주었다.

"상담받은 후, 이전에 제가 알던 딸이 아닌 완전히 새사람이 되었습니다. 새로운 딸을 낳은 것 같아요. 이렇게 변할 수 있도록 상담해 주셔서 감사드립니다. 지금 딸은 지방대학에서 서울에 있는 대학으로 편입해서 졸업했고, 지금은 대학원에 진학해 석사과정을 이수하고 있습니다. 이 모든 게 다 원장님 덕분입니다. 정말 감사합니다."

　예솔 씨처럼 이렇게 극심하게 힘들고 절망적이던 내담자가 건강하게
자신의 삶을 살 수 있게 되고, 감사의 인사를 전해줄 때면 상담사로서
의 긍지와 보람을 느끼게 된다.
　무엇보다 '울트라 뎁스® 프로세스'를 통해 여러 내담자의 잠재의식
을 만나게 되고, 그들과 교감하고 소통할 수 있는 소중한 경험을 가지
게 된 것은 내게 있어서도 특별히 감사하고 영광스러운 일이다.

PART 3

정화와 소통을 위한
최면상담

———

이 장에서 다루는 사례들은 이영현 트레이너의 독자적인 프로그램인 '정화와 소통'을 위한 종합 세션과정의 일부이다.

원래 정화와 소통을 위한 상담 프로그램은 정화와 소통의 증진을 목표로 하고 있으며 특정한 문제나 증상의 해결이 아니다. 그렇지만 이 과정에서 필연적으로 한 사람의 내부에 있는 다양한 무의식적 이슈들이 다루어질 수밖에 없다.

여기서 소개하는 사례들은 2장의 복합문제에 대한 종합 최면상담의 연속 선상에서, 정화와 소통을 위한 최면상담 과정 중 일부인 특정 무의식의 문제를 해결하는 부분만을 발췌하여 소개한다. 따라서 이 장에서 소개하는 각 사례의 내용은 '정화와 소통'을 위한 최면상담의 전체가 아님에 유의하기 바란다.

완벽한 복수를
꿈꾸다

이영현
한국 현대최면 마스터 스쿨 서울센터

민희(가명) 씨를 처음 봤을 때 우선 그 외모에 놀랐다. 어찌나 미인인
지… 마치 TV에서나 봄 직한 연예인의 외모를 하고 있었다. 그녀의 직
업은 서울에서 약대를 졸업하고 작은 약국을 운영하고 있는 약사였다.

이야기를 들어보니 학창시절에도 줄곧 공부를 잘해 늘 전교 상위권
을 어렵지 않게 유지했으며 대학도 자기가 원하는 일류대에 한 번에 들
어갔다. 졸업하자마자 부모님이 열어준 약국을 운영하게 되었는데 약국
규모는 작지만 유명한 큰 병원들을 끼고 있어 수입도 꽤 크다고 한다.

예쁜 외모에 탄탄한 직업에 남부럽지 않은 재산까지… 겉만 보기에는 정말 완벽 그 자체였다. 이렇게 완벽하게 다 갖추고 있는 사람이 무슨 고민이 있어 상담을 의뢰한 것인지 궁금했다.

한참 동안 고민을 꺼내놓기 망설이던 민희 씨는 어렵게 자신의 이야기를 시작했고, 그 사연은 참 의외였다. 한마디로 표현하자면 자신도 주체할 수 없는 성적인 문란함이 자신을 힘들게 하는 고민거리라고 했다. 사실 민희 씨의 경우 단순히 성을 문란하게 즐기는 것과는 큰 차이가 있었다.

대학시절, 채팅으로 처음 만난 남자들과 성관계를 맺어왔고, 나이트에서 만난 사람들과 만나서 하룻밤을 보내는 것은 이제 자연스러운 일상이 되었으며, 최근 몇 년 동안에는 성매매를 하려고 하는 남자들을 만나 돈을 받고 성관계를 맺고 있는 지경이었다.

하지만 그 돈은 그녀에게 전혀 필요하지 않았다. 이미 자신에게는 쓰고도 남을 만큼의 충분한 돈이 있었고 본인은 명품이나 쇼핑 등에는 관심도 없다고 한다. 그렇게 목적이 돈이 아님에도 불구하고 민희 씨는 당연한 듯 그 일을 매번 반복하고 있었다.

말 그대로 낮에는 약사로서 열심히 일하고 밤에는 성매매를 하고 다니는 것이다. 그동안 관계를 가져온 수많은 남자 중에는 그녀의 외모에 반해 수년 동안 스토킹처럼 추근대며 힘들게 하는 사람도 여럿 있었다.

그런데 본인을 정말 힘들게 하는 것은 이런 행위 자체가 아니었다. 매번 낯선 남자들과 관계를 맺은 후의 자신의 마음 상태였다. 죽고 싶을 만큼 큰 죄책감과 후회가 밀려왔고 자신이 너무 더러워서 견딜 수가 없다고 한다. 이런 죄책감은 수년 동안 심해져서 이제는 환청과 대인기피증까지 생긴 상태였다. 또한 이런 사실을 다 알고 있는 엄마는 엄마대로 외동딸의 이런 행동에 너무 힘들어서 심각한 불면증과 우울증을 앓고 있다고도 했다.

밤에 남자들을 만나러 나가는 일 외에는 친구도 딱히 없었던 민희 씨는 늘 약국에만 있었다. 그런데 언젠가부터 약국에 오는 사람들이 자신을 향해 수군거리며 욕을 하는 것이 들린다는 것이다. 겉으론 웃으면서 약을 사지만 이내 돌아서며 얼굴을 바꾸고 자신을 향해 비웃으며 욕을 한다는 거다.

"어머… 저 X. 밤마다 그렇게 더러운 짓을 하고 다니면서 순수한 척 웃는 것 좀 봐. 역겨워."

"걸레 같은 X. 어디 저런 여자가 약을 팔아?"

"더러운 주제에 약사라고 고귀한 척 연기하고 있는 것 좀 봐. 정말 우습다."

물론 이 모든 것은 자신이 만들어낸 환청이다. 그 사람들은 당연히 민희 씨에 대해 아무것도 모르는 사람들이니 말이다. 그 속삭임들은 아마도 그녀가 스스로에게 하는 말들이었을지도 모른다. 예전에는 그 말들이 실제 사람들이 하는 말이 아니고 스스로 만들어낸 것이라 인식하고 있었다고 한다.

하지만 시간이 지날수록 실제로 그 사람들이 하는 말인 것처럼 선명하게 느껴져서 사람들이 약국에 들어올 때마다 소름이 끼치고 숨이 막히며 심장이 미친 듯이 뛴다고 한다. 그리고 이미 정신과에서 처방받은 공황장애약을 먹는 중이었다. 공황장애약을 먹지 않으면 약국에 서 있기조차 힘든 상태라 했다.

본인이 그토록 괴롭다면 그 행위를 하지 않으면 그만 아닌가….

아마 다들 이렇게 쉽게 말할지도 모르겠다. 하지만 실제로 본인이 조절할 수 없는 크고 작은 행동 습관들은 누구나 가지고 있다. 사소하게는 손톱을 물어뜯거나, 발을 떠는 행동부터 크게는 폭식과 담배, 게임, 알콜 같은 중독행위까지 말이다.

과거 어떤 경험으로 시작된 감정적 문제가 스스로를 방어하거나 치유한다는 목적 아래 왜곡된 행위를 만들어 내는 경우는 종종 있다. 그리고 그것은 어찌 되었든 내면에서 자신을 위한다는 정당한 이유가 있기 때문에, 겉으로는 스스로를 망치고 있다는 것을 인식하지만 무의식 중에는 아주 충실하고 당당하게 그 일을 반복하고 있다. 이런 경우 무의식의 어떤 부분은 이 행위를 멈추었을 때 자신이 심각하게 위협받거나 오히려 내면이 큰 상처로 무너질 수 있다고 믿고 있기 때문에, 이 행위는 시간이 지날수록 더욱 끈끈해지면서 강해지기도 한다.

쉽게 말하면, 한 사람임에도 불구하고 겉과 속이 완전히 다르게 움직이고 있는 것이다. 표면의식은 멈추길 원하지만, 무의식은 결코 멈추어서는 안 된다고 고집스럽게 외치고 있는 것이다.

민희 씨의 그 고민을 해결하기 위해서 원인을 찾아 역행 테라피를 진행했다.

고등학교 2학년 때 남자친구와 교제를 하며, 그 과정에서 원치 않는 임신을 하게 되어 중절수술을 받는 시점으로 갔다. 그곳에는 남자친구 대신 참담한 듯 울고 있는 엄마가 민희 씨의 곁을 지키고 있었다.

그리고 역행은 더 진행되어 중학교 시절로 갔다. 중학교 2학년 같은 반 남자아이와 호기심에 집에서 첫 경험을 하게 되었고 이 순간을 엄마에게 들키는 장면으로 갔다. 그 모습을 본 엄마는 그 자리에서 주저앉아 얼굴이 새파랗게 질린 채 온몸을 떨고 있다고 했다.

그리고 그다음 장면엔 중학교 1학년 시절 영어 과외 선생님으로부터 성추행을 당하고 엄마에게 이 사실을 이야기하는 것이 나왔다. 엄마는 이 사실을 알고는 믿었던 과외 선생에 대한 억울함에 밤새도록 가슴을 치며 울고 있다고 한다.

그런데 이상한 것은 이런 장면들에서 그녀의 감정상태가 딱히 힘들게 표현되지 않는다는 것이었다. 현실의 성적 문제에서는 극심한 죄책감을 느끼고 있었지만, 막상 내면에서는 성적으로 관련되어 본인은 정작 무덤덤하다고 표현했다.

또 한 가지 이상한 점은, 성적인 경험에 있어서 늘 그 장면에 엄마가 등장해 있다는 것이다. 마치 민희 씨의 성적 관련 경험에는 당사자인 남자보다 그 장면을 보면서 고통스러워하는 엄마가 주인공인 듯했다.

그리고 그것의 진짜 이유는 곧 다음으로 이어진 역행의 장면들 속에서 밝혀지게 되었다.

9살의 어느 날, 민희 씨는 엄마가 운영하고 있는 영어학원에서 다른 원생들과 함께 놀고 있었다. 곧이어 한 학부모가 학원 원장인 엄마와 상담실에 들어갔고, 무슨 일이 있었는지는 모르지만 상담을 끝내고 나온 엄마의 표정은 아주 좋지 않아 보였다. 뭔가 학부모로부터 큰 스트레스를 받은 것이 분명해 보였지만 그 학부모가 돌아가는 순간까지 엄마는 억지 미소를 짓고 있었다. 이내 그 학부모가 돌아가고 엄마는 갑자기 민희 씨를 보더니 과자를 흘리며 먹는다고 화를 내기 시작했다. 이윽고 그 화는 곧 주체가 안 될 정도로 커지더니 엄마는 정신을 놓고 원생들이 보는 앞에서 어린 민희 씨를 정말 미친 듯이 마구 때리고 있다고 말했다. 피할 수도 없고 너무 아프고 친구들은 둘러서서 이 장면을 구경하고 있고, 어린아이는 아픔과 비참함에 갇혀 죽고 싶을 만큼 고통스러워했다. 어린아이에게 그런 엄마는 악마의 모습 그 자체였다고 한다.

그리고 절차에 따라 계속 이어진 역행에서는 3살의 내면아이가 나왔다.

엄마가 밥을 먹이고 있었는데 3살의 아이는 배가 아파서 거부하고 있는 상태였다. 엄마는 아이가 배가 아프다고 표현하는데도 아랑곳하지 않고 계속해서 밥을 아이의 입에 쑤셔 넣듯이 억지로 떠 넣고 있었다. 그러다 아이가 입에 있던 음식을 뱉어내자 곧 이에 화가 난 엄마는 밥그릇과 음식을 아이의 얼굴을 향해 집어 던지고 미친 듯이 소리 지르며 아이의 머리와 등을 때리기 시작했다. 배가 아픈 것도 서러운데 왜 이렇게 맞아야 하는지 원인도 모른 채 3살의 아이는 겁에 질려 울부짖기만 하고 있었다.

절차에 따라 우리는 시간을 넘어 계속된 역행을 진행했고, 마침내 검증과정을 거쳐 이 시간여행의 종착역인 ISE(최초 사건)에 이르렀다.

1살의 아이는 늦은 밤, 누워서 칭얼거리고 있었다. 자신의 말로는 몸에 열이 나서 잠을 편하게 잘 수 없다고 했다. 그런데 엄마는 아이가 밤새 칭얼거리자 아이에게 온갖 짜증을 퍼붓기 시작하는 것이다.

유년시절, 엄마의 모습은 이렇게 민희 씨로 하여금 자신을 엄마 인생의 짐 또는 스트레스를 마구 풀어도 되는 만만한 존재로 여기게 하였다. 그러니 당연히 엄마에 대한 원망과 상처가 크게 자리 잡았을 것이다.

역행에서 각각의 사건들을 재경험하는 내내, 그녀는 너무나 억울해하며 엄마에게 크게 분노했다. 이 작업에서는 당연히 엄마에 대한 그녀의 원망을 풀어주는 것이 핵심적인 절차 중 하나였다.

엄마와 대면해서 용서 테라피를 심층적으로 진행하였고, 내면아이

통찰기법 등 사건을 다루기 위한 다양한 절차들을 적용하여 상처받은 아이의 원망을 해소시켜 주었다.

최면을 시작하기 전 이루어진 사전면담과 개인사 면담에서 민희 씨는 평소 엄마와 사이가 좋다고 표현했었다. 친구같이 가까워서 자신의 모든 일을 다 이야기 할 정도라고 말했다. 그런데 실은 사이가 좋아서 자신의 모든 사생활을 이야기하는 것이 아니라, 엄마에 대한 복수로써 자신의 사생활을 의도적으로 들키고 있는 것이었다.

악마같이 어린 자신을 괴롭히던 엄마가, 중학교 1학년 때 자신이 성추행을 당하자 누구보다 고통스럽게 가슴을 치며 울부짖는 모습을 보면서 어린아이는 처음으로 희열을 느끼기 시작한 것이다.
'아… 내 몸이 더럽혀지니 엄마가 저렇게 고통스러워하는구나.'
이미 이 순간부터 무의식은 자신에게 싸여있는 이 부정적인 원망을 어떻게 해결할 것인지에 대해 스스로 답을 찾았다고 여기기 시작했다. 이렇게 엄마를 괴롭게 만들면서 자신의 원망이 해방되고 마음이 풀릴 것이라는 잘못된 착각을 하게 된 것이다. 민희 씨의 무의식은 엄마에 대한 복수가 결국은 자신의 인생을 망치고 있었다는 것도 모른 채, 스스로를 위한다는 목적 아래에서 어리석고 위험한 복수를 위한 행동을 충실히 반복해오고 있었다.
그런 무의식적 부분을 무조건 비난할 수는 없다. 어린 시절 엄마로부터 받아왔던 상처가 너무나 컸고, 그렇게 감당할 수 없었던 상처를 무의식은 자기 나름대로 아주 충실하게 해소하려고 애쓴 것일 뿐이다.

다만 안타까운 것은 현명한 어른이 조금만 이 아이의 상처를 미리 알고 옆에서 잘 보듬어 줬더라면, 이 아이가 자신의 몸을 망가뜨리며 스스로의 감정치유를 이런 식으로 하려고 하지는 않았을 거라는 것이다.

어찌 되었건, 작업은 잘 마무리되었고 민희 씨는 비로소 엄마를 진정으로 용서하게 되었다. 어린 시절 줄곧 보수적인 부모 밑에서 억압당하며 살아왔고, 결혼한 후에도 권위적인 남편으로부터 자신과 같이 학대를 당해오던 엄마의 처지를 돌아보며 엄마도 자신과 같이 힘든 시간을 보내온 사람이라는 것을 알게 되었다.

다만 엄마는 자신의 감정적인 표출을 타인을 통해 해 왔고, 본인은 타인이 아닌 스스로를 괴롭게 하면서 해 왔다는 것만이 다를 뿐이라고 했다. 그리고 덧붙여, 어쩌면 타인을 괴롭히며 억압된 감정을 해소하려고 발버둥 친 엄마보다 스스로를 망가뜨리며 감정을 해소하려고 했던 자신이 더 어리석었다고도 말했다.

내면에서 엄마와 용서 테라피가 끝난 직후, 현실에서 또한 엄마에게 처음으로 자신의 예전 기억들을 꺼내 솔직히 이야기했다고 한다. 놀란 엄마는, 그때는 자신도 어리고 철이 없었던 어리석은 시절이었다면서 그것이 그렇게 딸에게 큰 상처가 될지는 몰랐다며 진심 어린 미안함의 눈물을 흘리며 둘은 부둥켜안고 한참을 엉엉 울었다고 했다.

며칠 뒤, 민희 씨로부터 기분 좋은 피드백이 들려왔다. 더 이상 원치 않는 성적 행위에 끌려다니지 않게 되었다는 것이다. 그리고 자신을 괴롭히던 약국 손님들의 환청도 들리지 않으며 편안하게 일을 하고 있다고 했다. 다행히 정신과에서 처방받았던 약을 끊고도 마음이 편하고 즐겁다고도 했다.

엄마와의 원망이 풀리면서 더 이상 복수를 하지 않아도 되니 성적으로 자신을 학대할 필요가 없어졌고, 스스로 그것에게서 벗어나니 당연히 마음이 편안해질 수밖에 없는 것이다.

또 그로부터 2년 뒤, 민희 씨로부터 청첩장이 왔다. 이런 메시지와 함께 말이다.

"선생님, 상담 이후에 저는 새로 태어났습니다. 그리고 정말 고마운 제 인연과 함께하게 되었습니다. 이 분은 제 과거에 대해 모두 알고 있는 오랜 친구인데요. 제가 어떤 모습이었든 한결같이 옆에서 함께 해준 사람이었습니다. 오래 기다려준 그 사람과 예쁜 사랑을 하고 이제 평생 함께하려고 합니다. 축복해 주세요. 선생님 감사합니다."

이 사례를 보면서 나는 다시 한번 깨달았다.

모든 복수의 화살은 상대가 아닌 나를 향해있다.

그리고 예외 없이 그 화살은 나를 가장 아프게 관통한다.

오랜 집착의
진짜 이유

이영현
한국 현대최면 마스터 스쿨 서울센터

40대 중반의 여성인 이영주(가명) 씨는 최면 전의 면담에서 평소 자신은 원인 모를 슬픔과 공허함 속에서 평생을 인생의 즐거움 없이 살아왔다고 말했다. 그런 삶 속에서 자신도 조절하지 못하는 남성편력 때문에 여러 번 힘든 상황도 겪었었고 또 그것에 대한 죄책감을 평생 마음에 담아두고 살고 있었다.

그리고 현재 상황은 남편이 다른 여자와 바람이 나서 집을 나간 상태라 너무나 괴롭고 힘들다고 했다. 자신은 여전히 남편에게 너무나 집착하고 있으며 하루에도 수십 번씩 전화해서 온갖 욕설과 저주를 퍼붓고 있다고 한다. 그렇다고 해서 마음이 풀리는 것도 아니고 영주 씨의 마음은 오히려 더 지치고 힘들어지기만 했다. 밤만 되면 다른 여자와 있을 남편 생각에 화가 끓어올라 3년째 심각한 불면증을 앓고 있다고도 했다.

남편 문제로 지칠 대로 지쳐있는데, 얼마 전부터는 하나 있는 딸마저 자신에게 반항하고 학교에도 나가지 않으며 탈선하고 있다고 했다. 정말 말 그대로 자신은 지옥 그 자체에 살고 있으며 최근엔 죽으려고 자살시도까지 했다고 말했다.

극심한 현실적 스트레스는 그녀의 피곤한 얼굴에 고스란히 드러났다. 몇 년을 제대로 먹지도 자지도 못한 탓에 몸은 형편없이 말라 있었고, 원래 이 사람은 태어나길 미소가 없는 사람인가 싶을 정도로 얼굴에는 어두운 그림자만이 깊이 패어 있었다.

우선 이번 상담은 3주 동안 3회의 상담으로 진행되었다.

첫 세션에서는 그분과 나의 래포를 형성하고 최면의 깊이를 확보해 보는 것에 집중했다. 최면도입과 심화작업을 충분히 진행한 후, 감정적 몰입을 위해 용서기법의 도입부를 활용했다. 영주 씨의 경우, 이미 일상에서 충분히 감정적인 상태였기 때문에 그 감정을 이용하여 깊이를 확보하는 것이 유리해 보였다.

최근 나를 가장 고통스럽게 만들고 있는 존재… 남편을 그녀의 마음의 방으로 불러내서 마주 보게 하고 간단한 입장 차이에 대해 얘기를 나누게 해서 자연스럽게 감정이 극도로 오르게 하였다.

　그 감정을 따라 역행이 시작되었고 그렇게 ISE(최초의 사건)를 찾기 위해 시간을 거슬러 가보니 그 과정에서 공통으로 유년시절 경험했던 아버지와의 기억들이 드러났다. 그리고 그것은 평소 직업 때문에 아버지가 집을 자주 비우면서 생긴 '아버지의 부재'와 관련되어 있었다. 아버지에 대한 그리움, 어린 시절 내내 아버지의 사랑을 제대로 받지 못했다는 애정 결핍.

　여동생들과 연약해 보이는 엄마와 지내던 맏딸 영주는 보안에 취약했던 허술한 집 탓에 밤마다 도둑이 들지는 않을까 두려움에 떨고 있었다. 실제로 그 동네에는 도둑들이 많았고 그 시절 영주는 제대로 마음 편하게 잠을 자본적 없이 늘 두려움 속에서 '아버지가 지금 여기 있었다면 얼마나 든든했을까…'라는 생각만 밤새 되뇌고 있었다.

　결국, 일생 자신을 난처하게 괴롭혀오던 남성편력은 아버지의 부재로 인한 것이었다. 아버지의 부재로 생긴 두려움과 불안함, 그리움이 '든든한 남자'에 대한 환상을 만들어내고 그것의 집착으로 왜곡되어 왔던 것이다. 또한 이러한 유년시절의 감정들은 자라면서 뭔가 채워지지 않는 공허함과 슬픔, 허무함으로 함께 그 모습을 키워 갔다.

　'남자가 옆에 있으면 든든하고 안정적일 거야. 남자가 없으면 난 불안정한 존재야.'

　늘 자신의 삶을 채우기 위해 남자를 찾아 헤맸지만, 공허한 마음은 채워지지 않고 또 다른 사람 또 다른 사람을 원했을 것이다. 이런 경우 당연히 그 결핍은 남자로 채워지지 않는다. 결핍에서 출발한 감정은 계속해서 결핍을 만들 뿐이기 때문이다.

우선 유년시절의 반복되는 장면들 속에서 역행 테라피의 꽃인 '내면 아이 통찰기법'으로 작업을 진행했다. 두려움에 떨고 있던 아이는 수호천사와 같은 든든한 어른의 에너지가 늘 함께 지켜주고 있음을 알게 되면서 안정을 되찾았고, 실제로 자신의 집에 도둑이 들었던 적은 없었다는 사실 또한 알게 되었다.

또한 멀리 있지만 어버지가 마음으로 얼마나 자신을 사랑하고 늘 생각하고 있었는지를 상기시켜 주기도 했다. 물리적인 거리가 중요한 것이 아니라 실은 아버지의 사랑을 누구보다 듬뿍 받고 자랐다는 새로운 사실에 영주 씨의 내면아이는 굉장히 놀라워했다.

사랑은 반드시 물리적으로 옆에 있어야만 가능하다고 믿어왔던 신념이, 진실 된 마음으로 연결되는 사랑이 더 중요하다는 새로운 신념으로 바뀌는 순간이었다.

그리고 '바디스캔'이라고 부르는 물리적인 신체 부위를 느껴보는 기법을 이용해 내 몸 안에 슬픔에 관련된 감정이 있는지 체크해 보고 마무리 작업을 마쳤다. 최면 전 면담에서, 그녀는 감정적인 문제와 함께 온몸이 무겁고 아프다는 신체적인 문제를 호소했기에 이 기법을 사용했다.

두 번째 상담에서는 단독으로 행하는 용서 테라피가 진행되었다.

영주 씨 같은 경우, 자신이 말하고 있는 갈등과 인생 전반에 걸친 카르마에 늘 인간관계가 주를 차지하고 있었기 때문에 다른 내담자보다 용서와 연관된 작업에 더욱 큰 비중을 두었다.

우선 최면 전 미리 정해놓은 몇몇 인연들을 불러내 타인에 대한 용서 절차를 진행하고, 나머지는 내면을 향해, '이 사람의 인생에 부정적인 영향을 주고 있는 인연들이 있다면 보내달라'고 요청한 후 작업을 진행했다.

유년시절에 자신에게 상처를 줬던 친구들, 예전에 안 좋게 헤어진 과거 연인들, 그리고 현재 자신을 괴롭히고 있는 남편의 여자, 마지막으로 극심한 반항으로 자신과 갈등하고 있는 딸 등이 드러났다.

영주 씨는 유독 작고 여리여리한 몸매의 여자분이었다. 마음 또한 보이는 몸매처럼 아주 여리고 순수한 사람이었다. 그런 사람의 마음속에 저렇게 무거운 인연들을 담고 살았으니 당연히 지칠 수밖에 없었을 것이다. 작은 어린아이의 등에 무거운 사람 수십 명이 업혀 있는 꼴이니 말이다. 어린아이처럼 순수한 그녀가 맏딸로 태어나 응석 한 번 부리지 못하고, 아버지 몫까지 씩씩한 척, 든든한 척하며 자라는 와중에 정작 자신은 더욱 지쳐있었다. 그 지친 마음을 '남자'라는 존재에게 기대고 싶었던 것이다.

그리고 타인용서에 덧붙여 자기 자신에 대한 용서절차도 진행되었다. 자신을 사랑하지 못하는 사람은 결코 타인 또한 제대로 사랑하지 못한다. 자신을 어떻게 사랑할지 모르는 사람은 타인에게 또한 사랑받지 못한다. 그래서 내면의 결핍, 자기 불신은 현실에서의 온전한 사랑을 방해하기 마련이다. 먼저 내 안에 '사랑'이라는 에너지가 있을 때, 그래서 '나'와 '나'의 내면이 먼저 좋은 인연으로 맺어져 있을 때 현실 속에서도 진짜 좋은 나의 '인연'을 만나게 된다.

모든 용서와 관련된 절차가 끝나고 나니, 그녀는 너무나 마음이 상쾌하고 가볍다고 말했다. 사실 그 말을 하지 않아도 그녀의 얼굴에 이미 모든 게 보였다. 그때 상담 후 처음으로 그녀의 얼굴에서 밝은 미소를 보았기 때문이다.

'저 사람이 저렇게 예쁘게 웃을 줄 아는 사람이었나…'

세션을 진행하다 보면 늘 느끼는 것이 하나 있다. 상담의 회기가 진행될수록, 내담자의 얼굴이 변해간다는 것이다. 외모 부분에서 내가 놀랄 정도로 변화를 보여주는 내담자도 종종 있었다. 온갖 걱정과 근심, 부정적인 에너지가 잔뜩 묻혀있던 얼굴에서 마치 세수를 하고 뽀얗게 보이는 것처럼 다들 한결같이 예뻐진다. 역시 모든 인간은 참 아름다운 존재들인데 카르마에 짓눌려 그 빛을 발하지 못하고 살 뿐인 것 같다.

세 번째 상담에서는 다루어야 할 남은 감정들이 있는지 바디스캔 기법을 활용해 체크해 보고, 지금까지 진행한 작업들을 더욱 견고하게 다지는 목적으로 미래진행을 하였다. 미래로 진행해서 달라진 자신의 모습을 확인하는 것이다.

그동안의 작업이 잘 진행되었다면 변화된 과거의 에너지가 자신의 미래상도 이미 변화시켜놓았을 것이다. 그리고 또한 이렇게 변화된 밝은 미래를 스스로 체험하게 함으로써 긍정적인 암시를 한 번 더 다지게 할 수도 있다.

다행히 영주 씨는 미래에서 밝고 활기차게 살고 있는 자신의 모습을 확인하고 체험했다. 모든 현실이 안정을 찾았고, 상담 이후 마치 새로 태어난 듯 달라진 자신을 경험하고 있다며 자신 있게 이야기해 주었다.

우리의 무의식 깊은 곳에 어떤 미래상이 존재하는지는 아주 중요하다. 내가 인식하든 인식하지 못하든, 무의식 깊은 곳에 있던 상이 결국은 다음 현실에 고스란히 반영되기 때문이다. 그리고 대부분 그 미래상은 과거로부터 흘러온 에너지로 만들어진다.

내가 생각하는 최면 작업의 매력이 바로 이것이다. 과거의 에너지를 변화시킴으로써 미래의 그 무엇도 변화시킬 수 있는 것 말이다.

그리고 생과 생 사이의 공간으로 유도해, 영혼의 상태에서 이생에 경험할 일들에 대한 통찰과 이해를 스스로 하게끔 해 주었다. 이 독특한 절차를 KMH의 최면 전문가들은 '영혼통찰 기법'이라는 이름으로 부른다. 또한 새롭게 시작한 삶을 어떤 목적으로 살아가야 할지 스스로 선택하면서 인생의 큰 중심을 잡게 되었다.

상담이 끝나고 며칠 뒤 그녀로부터 한 통의 문자가 왔다.

"선생님. 저는 이 작업을 통해 망망대해에서 구명보트를 만났습니다. 지금 저는 그동안 느껴보지 못했던 생명의 환희 속에 있습니다. 인생이 이렇게 즐거울 수 있다는 것을 이제야 알게 되었습니다. 진심으로 감사합니다."

영주 씨는 상담을 시작한 이후, 한 번도 남편에게 전화를 건 적이 없다고 했다. 매일같이 전화기를 붙들고 욕을 퍼부어 왔었는데, 이제는 전화를 걸고 싶은 마음이 아예 들지 않는다고 한다. 밤에 잠도 편하게 잘 자고 있다고 말했다.

늘 이유 없이 느껴지던 슬픔도 없어지고 하루하루 너무나 편하고 감사하게 생활하고 있다고 한다. 3년 동안 너무나 괴로워서 안 해본 것이 없었는데 왜 진작 이 작업을 하지 않았는지 안타깝다고 했다.

얼마 전엔 남편을 붙잡고 있는 자신의 마음이 사랑이 아니라 집착이었음을 명확히 인지하게 되면서 미련 없이 이혼해 주기로 했다고 한다. 참 신기한 건, 이제는 남편에 대한 원망보다 오히려 남편이 안쓰러워 보인다고 한다.

남편 또한 유년시절 불우한 기간들을 많이 보내온 사람이고, 자신과 같이 사랑을 구걸하며 지금의 그 여자에게 집착하고 있다는 것이 너무 선명하게 보여서 말이다. 지난날의 안타까웠던 자신의 모습이 남편에게서 고스란히 보이더라고 말했다.

또 한 가지 참 다행스러운 일은, 상담 후 딸과의 관계가 좋아졌다는 것이다. 알고 보면 딸의 탈선은 딸의 문제가 아니었다.

옆에 소중한 딸이 있음에도 그 존재를 보지 않고, 늘 다른 곳을 바라보며 고통스러워만 하고 있었으니 그 그늘 아래에서 딸이 얼마나 외로웠을까? 딸은 엄마만 바라보고 있었을 텐데 말이다.

그리고 지친 딸은 마침내 스스로의 삶을 망가뜨리면서 엄마에게 자신의 존재를 어필하려고 했던 것일지도 모른다. 그러니 당연히 여유를 찾고 딸을 진심으로 따뜻하게 바라보자 딸 또한 탈선을 멈추고 그동안 그리웠던 엄마의 품으로 돌아오는 것이다.

한 사람만 중요하다는 착각은 주변의 많은 사람을 외롭게 만든다.

도대체
나는 왜…

이영현
한국 현대최면 마스터 스쿨 서울센터

한창 활기차고 예뻐야 할 나이, 20대 지은(가명) 씨의 첫인상은 확연히 다른 20대들과 달랐다.

화장기 하나 없는 어두운 피부에 아무렇게나 자른 듯 투박해 보이는 짧은 숏커트로 자른 머리는 한눈에 봐도 외모에는 전혀 신경 쓰지 않고 사는 듯했다. 20대가 가지는 화사한 에너지가 그녀에게는 전혀 느껴지지 않았다. 마치 인생의 고달픔을 다 짊어지고 사는 지치고 무기력한 노인을 보고 있는 것 같았다.

말투 또한 느릿느릿, 이 상황 모든 것이 귀찮고 피곤한 듯 억지로 이어나갔다. 목소리 또한 너무 작아서 말을 들으려면 내 몸을 지은 씨 쪽으로 바짝 붙여야 할 정도였다. 무기력하고 소극적인 모습에 내가 질문을 하는 것 자체가 미안할 정도였다.

지은 씨는, 나에게 이미 최면상담을 받았던 지인의 추천으로 상담하게 되었는데 한편으론 지인의 말을 듣고 상담에 응한 것 자체가 신기해 보였다.

상담사 : 이 상담을 통해 해결하고 싶은 건 뭔가요?

지은 : 음… 저는 직장 생활을 잘 못 해요……. 3개월을 넘기기가 힘듭니다……. 항상 그래 왔어요….

상담사 : 직장을 매번 그만두는 이유가 뭔가요?

지은 : 음… 나 때문에… 내가 무능해서… 아니…… 아니요. 상대가 나를 괴롭혀서요…. 음… 모두 나를 싫어하고 괴롭혀요.

상담사 : 상대라면 다니던 직장마다 한 명씩 그런 사람들이 있었나봐요?

지은 : 특정 상대라기보다는… 모든 동료가 다 나를 싫어하고… 따돌리고….

상담사 : 그런 지은 씨는 그 사람들이 좋나요? 그 사람들이랑 친하게 지내고 싶은데 늘 사람들이 지은 씨를 따돌리듯이 하나요?

지은 : 네… 아니… 음… 나도 싫은 것 같기도 하고… 친해지고 싶지 않고… 음… 모르겠어요…. 그냥 그래요….

아니… 미워요…. 죽이고 싶을 때도 있어요…. 왜냐면… 왜냐면…

그 사람들이 나를 따돌리니까….

일단 그녀가 원하는 것은 직장생활을 원만하게 하고 싶다는 것이었다. 그 뜻이 정확하게 사람들과 잘 지내고 싶다는 것인지, 일을 잘 해내고 싶다는 것인지, 사람들에 대한 자신의 원망을 해결하고 싶다는 것인지… 사실 모든 것이 불명확했지만.

사전면담으로 무언가를 구체적으로 알아내는 것은 더 이상 무리일 것 같아서 바로 이완을 유도하고 최면 작업을 진행했다.

다행히도 최면 사전면담을 잘 이해한 지은 씨는 최면유도에 잘 따라주었고 기대 이상으로 깊은 이완상태로 접어들었다. 반복되는 직장문제를 만들어내고 있는 과거의 기억을 찾기 위해 연령역행을 사용한 최면분석 기법을 사용했다.

학창시절 선생님께 혼나면서 수치스러웠던 경험, 친구들과 트러블이 생겨 배신감을 느꼈던 몇몇 경험들을 떠올렸고, 마침내 검증과정을 통해 이 문제를 일으킨 ISE(최초 사건)를 찾을 수 있었다.

5살의 지은은 명절을 맞아 시골 큰집에 있었다. 어른들은 음식을 하고 있었고, 사촌 언니와 오빠들은 모여서 놀고 있었다. 곧 집에서 지루해진 언니와 오빠들은 시내로 나가 놀기로 했고, 지은은 엄마 곁에 있고 싶었지만 엄마는 음식을 해야 하는데 아이가 방해된다며 억지로 싫다는 언니들 손에 어린 지은을 떠넘겨서 보냈다.

마지못해 동생을 데리고 나온 언니 오빠들에겐 당연히 어린 동생이 짐처럼 느껴졌을 테고 다니는 내내 못마땅한 듯 아이를 구박했다. 그래도 어린 지은은 그런 언니들이지만 종종거리며 열심히 그 손을 놓치지 않고 따라다녔다. 그러던 중, 결국은 어린 동생이 방해가 된 언니 오빠들이 지은을 버스 정류장에 버려두고 자기들끼리 놀러 가버렸다. 사실 버려둔 것은 아니었고, 자초지종을 알아보니 어른들에게 전화해서 정류장에 있는 동생을 데리고 가라고 했던 것 같다.

　아무튼, 추운 겨울날 졸지에 혼자 정류장에 남겨진 어린아이는 엄청난 두려움과 배신감을 느끼고 있었다. 춥고 배도 고프고 어른들은 빨리 오지도 않고, 자신을 버리고 간 언니들과 오빠들에 대한 원망은 점점 커지고, 설상가상으로 어두워지는 하늘은 어린 지은에게 세상을 공포 그 자체로 느끼게 하였다.

　아무것도 할 수 없는 이 상황에서 마냥 기다리고만 있어야 하는 자신의 무능력, 무기력함을 그 어린아이가 뼈저리게 느끼고 있었다.

　그녀의 기억은 딱 그 장면에서 멈춰져 있었다. 춥고, 외롭고, 두렵고, 무기력하고 원망과 배신감에 가득 차 있었던 그 장면에서 5살의 지은은 더 이상 성장하기를 거부하고 그 장면에서 벗어나는 것도 거부한 채, 자신의 인생을 그 속에 가두고 있었던 것이다.

　어린아이에게 별일 아닌 상황이란 것은 없다. 아차 하는 순간에 모든 것이 끔찍한 트라우마로 변할 수도 있다.

꼭 큰 사건만 트라우마가 되는 것은 아니다. 어른들 눈에 아주 사소한 것 하나가 어린아이의 내면에 상처로 깊이 새겨져서 인생 전반을 흔들어놓을 수도 있다. 그러니 어른의 배려와 관심이 얼마나 중요한 것일까. 아이들의 경험은 유리병과 같다. 언제 깨질지 모르기 때문에 철저하게 보호해 주고 철저하게 사랑해줘야 한다.

별일 아니라는 무심함이 우리 모두의 인생에 큰 상처를 남기기를 우리는 수없이 반복해 왔다.

그 장면에서 '내면아이 통찰기법'과 EFT 그리고 분리기법을 활용해서 어린 지은의 마음을 풀어줄 수 있었다. 마음이 고요해진 아이는 곧 그 장면 너머의 새로운 진실을 비로소 보기 시작했다.

그녀는 그곳에 영원히 머물러있었던 듯 그 장면에서 벗어나지 못하고 있었지만, 실은 언니들의 전화를 받은 엄마가 놀라서 헐레벌떡 뛰어와 지은을 데리고 갔다.

또한 나중에 집에 돌아온 언니 오빠들은 어른에게 크게 꾸중을 들으면서 매를 맞았다. 맞으면서 아프다고 소리 지르고 눈물범벅이 된 언니와 오빠들이 나중에는 오히려 안쓰러워 보인다고 했다.

그래 봐야 그들 또한 10살 전후의 어린아이들이 아닌가. 철이 없을 수밖에 없었던, 자신과 똑같이 어린 아이였다는 것을 자각하면서 지은 씨는 피식 웃음을 터트렸다. 그리고 곧 어른들에게 실컷 혼난 언니와 오빠들이 동생에게 와서 사과했다. 다행히 지은 씨는 이 사과를 흔쾌히 받아들이고 함께 다시 어울려 놀기 시작했다.

이렇게 그녀의 내면에서 감정들과 기억에 대한 인식들이 정리되자 일주일 뒤 다시 지은 씨를 만났을 때 굉장히 놀라운 피드백을 들을 수 있었다.

우선 그녀의 표정부터가 나를 놀라게 했다. 여전히 목소리는 작았지만 제법 자신 있게 말을 이어나갔고, 이야기하며 연신 수줍게 웃기도 했다. 마치 나를 친한 친구인 것처럼 대하며 수다를 떠는 그 모습을 보며 이미 상담사로서 마치 세션을 성공적으로 다 마친 듯한 보람을 느끼게 했다.

그녀가 말한 놀라운 피드백은 다음과 같다.

"선생님. 어떻게 이럴 수가 있죠? 일주일 동안 이상한 일이 계속 일어났어요!

실은 제가 얼마 전에 들어간 직장에서, 여전히 동료들에게 따돌림을 당하고 있었거든요. 자기들끼리만 밥 먹고, 커피를 사와도 내 것만 빼놓고 사오고. 자기들끼리 모여서 이야기하고 있을 때 내가 들어가면 보란 듯이 쌩하고 다 나가버리고.

그런데요… 세상에… 갑자기 상담 다음 날부터 직원들 행동이 완전히 변한 거예요. 저한테 피자 먹으러 갈 건데 같이 가자고 해서 처음으로 같이 점심도 먹었고요. 불편하지 않으면 자기들이랑 어울려서 앞으로 점심도 함께 먹재요. 제가 부탁도 안 했는데 커피를 사 와서 주기도 하고요. 이제는 잘 어울려서 함께 하고 있어요.

그리고 참… 그동안은 죽도록 하기 싫었던 일이 왜 이리 또 재밌는 걸까요? 저도 모르게 콧노래를 흥얼거리며 하고 있더라니까요. 이 일이 이렇게 좋고, 동료들이 이렇게 좋은 사람들인지 그동안은 몰랐어요.

아… 또 있다. 저희 사장님이 저한테 야무지게 일한다고 칭찬도 하셨어요!"

그녀만이 아닌 나 또한 당황할 정도의 빠른 변화였다.

그리고 지은 씨가 물었다.

"선생님. 상담은 제가 받았는데 왜 그 사람들이 변한 거죠? 이럴 수도 있나요?"

그것에 대해 나는 이렇게 대답해 주었다.

"당연하죠. 그 사람들은 지은 씨가 끌어당기고 있었던 인연이었잖아요. 사람에 대한 불신과 배신감, 그리고 무기력함이 지금까지 본인의 상황에 반영되어 온 겁니다. 그리고 그것을 해소하게 되면서 새로운 상황을 만들게 된 겁니다. 또한, 세상은 우리가 어떤 눈으로 바라보느냐에 따라 달라집니다.

'저 사람은 또 나를 배신할 거야…. 미워….'라는 눈으로 세상을 바라봤으니 그들도 딱 그만큼 행동했던 거예요.

이제는 모든 오해를 풀고 지은 씨가 순수하고 기분 좋게 그들을 바라보고 있으니 그들도 순수하게 지은 씨의 가치를 보게 된 거고요.

내가 바뀌면 내 세상도 당연히 바뀌게 됩니다."

실제로 이런 사례는 아주 많다. 내 내면의 기억을 정리했는데 주변 사람들이 바뀌는 경우 말이다. 인연을 바라보는 내 시선이 바뀌게 되면 당연히 상대방도 바뀌게 된다. 내 안에 원망할 인연이 없으면 내 인생에 악연도 없다.

상담사 : 원하는 대로 직장문제가 해결되었네요. 그럼 상담은 더 이상 하지 않아도 될 것 같은데요?

지은 : 선생님. 이제 다른 욕심이 생겨요. 사실은 제가 몸이 너무 안 좋아요. 나이는 어리지만 여기저기 이유 없이 아픈 통증이 많아서 일을 오래 하기가 힘들어요. 쓰러지기도 여러 번 했고요. 몸이 이러니 외모를 가꾸는 것도 저한테는 사치이고요… 특히 생리기간에는 심각할 정도로 생리통이 심해서 늘 응급실에서 살다시피 합니다. 상담하고 동료들이 저렇게 변하는 것을 보니까 왠지 제 몸도 바뀔 수 있을 것 같아요. 그리고 선생님이 내주신 숙제, 자기최면도 일주일 동안 열심히 하고 왔어요.

사실 최면상담은 건강상 치료의 목적으로 진행하지 않는다. 우리가 행하는 상담은 명백히 의료적인 목적의 치료를 대체할 수 없기 때문이다.

물론 심리적인 치유과정에서 직접적으로 다루지 않은 신체적인 치유도 종종 일어나기는 하지만, 의료기관이 아닌 상담센터에서 질병의 치유를 목적으로 상담을 진행하는 것은 부적절하다.

다만 저렇게 확신과 믿음에 찬 그녀를 보니 왠지 이 상태에선 본인 스스로가 모든 것을 바꿀 수 있을 것 같았다. 때때론 우리 의식이란 것이 참 불안정하기도 하지만 결국 그런 의식의 믿음이 기적 또한 만들지 않는가….

대신 그녀가 가진 문제와 연관된 감정과 사고적인 측면에 해결할 부분이 없는지 그것에만 초점을 두고 작업을 진행한다는 것에 대해 충분히 설명하고 동의한 후 상담이 시작되었다.

최면에서 흔히 활용되는 바디스캔 기법을 통해 몸이 아픈 부위들을 느끼고 그것을 따라 역행을 해 보니 유년시절의 몇 가지 경험들이 나왔다.

그중에 1살 때의 경험이 인상적이었는데, 1살이 된 그녀가 방에 누워있는 상황이었다. 그런데 자신은 이렇게 쉬고 싶은데 집안 어른들이 주변에 모여서 예쁘다며 계속 돌아가면서 안고 만지고 한다는 것이었다. 태어난 지 얼마 되지 않아 충분히 자고 편하게 쉬어줘야 하는데 계속 자기를 피곤하게 한다며 힘들어했다. 아직 세상에 제대로 적응도 못한 아기가 이미 사람들의 손길 속에서 피곤함이라는 경험을 먼저 해버린 것이다.

그리고 다시 ISE(최초의 사건)를 찾아서 따라가 보니 이번에는 태아 상태가 나왔다. 임신한 엄마가 많이 지쳐있고 휴식이 필요한 상태인데 그러지 못하고 있다 한다. 지친 몸으로 끝까지 버티면서 일하고 있는데 자기까지 그 피곤함이 고스란히 전해져온다고도 했다.

특이하게도 그 장면에서 지은 씨는 갑자기 자발적으로 태아 상태에서 영혼의 상태로 빠져나갔다.

"잠시 쉬어야겠어요. 지금 우리는 아직 물질적인 몸에 완전히 고정된 상태가 아니기 때문에 자유롭게 나갔다 들어올 수 있거든요."

그리고 곧 자신은 영혼의 상태이며 더 이상 몸에 구속되어 있지 않다고 했다. 너무나 가볍고 자신은 초록색의 빛을 띠고 있으며 곧 태어날 준비를 하고 있는 상태라고 했다.

상담 중에 종종 영혼통찰 기법을 적용하기 위해 의도적으로 유사한 작업을 진행하는 경우는 있었지만, 이렇게 아무런 리딩이나 유도암시 없이 스스로 영혼상태로 가는 경우는 이 사례가 처음이었다.

나는 영혼에게 물었다.

상담사 : 그럼 당신은, 앞으로 태어날 본인의 인생을 알고 있나요? 당신이 직접 계획하고 선택한 인생인가요?
지은 : 아니요. 제가 선택한 건 아닙니다. 하지만 어떤 인생인지는 충분히 알고 있습니다.

상담사 : 그럼 당신이 살아갈 이번 인생의 목적은 알고 있나요?
지은 : 당연하죠. 즐겁게 사는 겁니다. 나는 즐겁게 살 겁니다. 그들이 저에게 좋은 경험을 할 수 있는 멋진 기회를 준 걸요.

상담사 : 그들이라면 어떤 존재를 말하는 건가요?

지은 : 아… 당신은 이해하지 못할 겁니다. 영혼의 흐름을 도와주는 존재들이 있습니다.

상담사 : 즐겁게 사는 게 목적이라면… 당신의 인생은 태어나는 순간부터 모든 것이 즐거운 경험으로만 가득 차 있겠네요.

지은 : 아닙니다. 그렇지는 않아요. 인생 초반에는 힘든 경험들이 꽤 있을 겁니다. 왜냐하면 진짜 즐겁게 살고 싶거든요.

처음부터 계속 즐거운 경험만 하게 된다면 저는 그것에 곧 익숙해질 겁니다. 그리고 긴 인생 동안 즐거움의 가치도 모른 채 무료하게 살다 갈 겁니다.

저는 그것을 원치 않아요. 힘든 경험을 하고 그것으로부터 해방될 때 저는 진정으로 자유가 뭔지 즐거움이 뭔지를 제대로 느끼게 될 겁니다. 그렇게 느끼는 즐거움은 최고가 될 거예요.

상담사 : 아… 그렇군요. 그럼 한 가지 부탁이 있어요. 지금 이런 당신의 통찰을 당신의 의식이 살면서도 계속 기억할 수 있게 해 주세요.

지은 : 네. 알겠습니다.

영혼 통찰 중에 나눴던 그녀와의 대화는 참 인상 깊었다.

우선 단순히 역행으로써 과거 재경험을 하고 있던 때와는 지은 씨의 상태가 너무나 달랐다. 영혼으로 빠져나가는 순간, 표정은 말로 표현하기 힘들 정도로 평온해졌으며 놀라웠던 것은 목소리 또한 평소 때 하고는 완전히 달랐다.

목소리가 일단 커졌고 차분하고 고요했지만 카리스마가 넘쳤다. 그리고 지은 씨가 말을 할 때 더듬는 버릇이 조금 있었는데 영혼상태에서는 전혀 더듬지도 않았다.

그렇게 영혼 통찰 작업이 끝나고, 이번에는 이 삶의 미래로 진행해서 그녀의 몸 상태나 지금 하고 있는 일 등에 대해서 긍정적인 상태를 다시 한번 확인하고 다졌다.

그리고 이생의 마지막 임종 직전의 상태로 갔다. 지은 씨 같은 경우는 아주 깊은 이완상태에 있었기 때문에, 임종 직전으로 가니 목소리까지 완전히 노인처럼 변해있었다.

상담사 : 이 긴 인생을 다 사셨는데 정말 수고 많으셨어요. 인생을 돌이켜보면서 혹시 깨달은 것이 있으신가요?
지은 : 네…. 다 살아보니 행복한 것도 슬픈 것도 다 내가 만든 거였어요. 남 때문이 아니었어요. 그런데 사는 동안에는 그것을 알기가 쉽지 않았네요.

상담사 : 그럼 아쉬운 건 있으세요? 만약 당신에게 다시 젊음과 긴

인생이 주어진다면 뭘 해 보고 싶으세요?

지은 : 내가 다시 살게 된다면… 지금 깨달은 이 사실을 주위 사람들한테 알려줄 거예요. 이 사실을 몰라서 힘들어하는 사람들이 많거든요. 그렇게라도 돕고 싶어요.

그리고 여행도 더 많이 다닐 거예요. 다시 젊어진다면 배낭 하나 짊어지고 세계여행도 떠나보고 싶네요.

상담사 : 그럼 제가 당신에게 아주 큰 선물을 하나 드릴게요…. 그건 바로 젊음과 시간입니다. 그대신 자신에게 약속하세요. 남은 긴 시간을 본인이 하고 싶다고 했던 그 일들을 꼭 하겠다고요.

지은 : 네 당연히 그래야죠….

통찰작업 중 참 특이했던 것은 이분의 의식적인 성격은 아주 소심하고 자신감이 없었지만 내면 속의 존재는 아주 밝고 자신만만했다는 것이다.

사실 겉으로 인식하는 우리의 의식은 진짜 내 모습이 아닐지도 모른다. 태어나는 순간부터 수많은 환경과 정보를 받아들이면서 오해와 착각 속에서 왜곡된 모습일지도 모른다.

그녀의 진짜 모습은 결코 소심하지 않으며, 자신의 인생 목적은 즐겁게 사는 것이라고 당당하게 말하는 똑 부러지는 사람이다. 더불어 모든 영혼의 목적이 그렇듯이 타인에게도 자신의 방식으로 도움을 주겠다고 다짐했다.

그녀는 이 상담을 통해 거짓 모습을 벗어던지고 진짜 본인의 모습… 진짜 인생의 목적을 찾게 되었다.

최면상담 직후, 깊은 내면의 이완 상태에서 각성된 지은 씨의 반응은 또 한 번 나를 당황스럽게 만들었다.

"앗……! 선생님 죄송해요. 제가 그냥 자 버렸죠? 갑자기 나도 모르게 잠들어 버렸네요. 나는 푹 잤는데 오늘 작업을 하나도 못해서 어떡하죠…? 왜 깨우지 않고 그냥 두셨어요…….."

세상에… 그 많은 경험을 하고 그 많은 말들을 또렷하게 했던 그녀는 작업내용에 대해 완전히 망각하고 있었다.

최면을 진행할 때 내담자가 각성 후에 모든 작업내용을 회상할 수 있는 것이 일반적이지만, 예외의 상황들이 존재한다. 이러한 종류의 망각을 최면에서는 섬냄뷸리즘(깊은 최면)에서 일어나는 '자발적 망각'이라고 칭한다.

이 상황에 대해 다 이야기해 주고 본인이 했던 말들을 다 알려주니 그녀는 믿기지 않는다며 놀라워했다.

본인이 평소 때 생각해오던 말이 하나도 아니라는 것이다. 말 그대로 지은 씨의 깊은 내면의 영혼이 한 말이었으리라….

의식이 이 모든 과정을 다 기억하지 못한다고 해서 작업의 효과가 떨어지지는 않을까? 아니다. 오히려 반대이다. 의식을 넘어선 깊은 내면과 한 작업의 효과는 종종 우리가 '기적'이라고 부르는 효과도 만들어 낼 것이다.

그리고 몇 주 뒤, 지은 씨로부터 연락이 왔다.

"선생님! 얼마 전에 생리를 했는데 태어나서 처음으로 생리통이 없었어요.

완전 대박이죠!! 저도 얼떨떨해요. 그리고 몸도 너무 좋아요. 아픈 곳도 없고요. 그래서 얼마 전부터 운동도 시작했어요!"

'인생을 바꾼다는 건 참 어렵다.' 하지만 그건 그 방법을 몰라서 하는 말이다. 알고 보면 인생을 바꾼다는 것, 그리 어렵지 않다.

생과 생 사이,
영혼의 통찰

이영현
한국 현대최면 마스터 스쿨 서울센터

어느 날, 한 중년여성으로부터 딸의 상담을 부탁한다는 연락을 받았다. 그 여성의 딸은 20대 후반의 김은희(가명) 씨로, 음대를 졸업한 후 음악학원을 운영하고 있었다.

그녀가 가지고 있는 현실적인 문제로는 극심한 조울과 공황이었다. 이미 수년 전부터 조울증과 공황장애약을 복용하고 있었지만, 여전히 고통에 시달리고 있는 상태였으며 최근에는 학원 운영이 힘들어질 정도의 지경에 이르러 있었다.

특히 남들 시선을 지나치게 의식하는 문제가 심각했는데, 공공장소나 대중교통을 이용하는 경우. 모르는 사람들 속에 있으면서도 그들의 시선이 자신을 압박하고 있다는 감정적 착각 속에 빠져 외출이 거의 불가능했으며, 당장 학원 원생과 학부모들의 시선에도 불안함과 긴장감이 가득해서 정상적인 학원 운영도 힘들다고 했다.

그리고 은희 씨의 숨겨진 또 다른 문제는, 몇 해 전에 어머니와 재혼한 새아버지로부터 수개월 동안 친근함의 표현을 가장한 지속적인 성추행을 당하고 있음에도 이를 제지하지 못하고 무기력하게 방치하고 있는 것이었다. 버젓한 성인의 입장에서 충분히 이 상황에 적극적으로 대처할 수 있을 듯도 한데, 새아버지가 자신보다 더 크고 무서운 존재라는 신념 속에서 마치 힘이 없는 어린아이처럼 이 상황을 방치하고 받아들이고 있었다.

은희 씨는 최면 사전상담을 진행하는 동안에도 나의 눈을 제대로 쳐다보지 못한 채 의미 없이 책상 바닥만 응시하고 있었다. 내가 그런 그녀를 불러 눈을 맞추려는 노력이라도 하려 하면, 바로 그녀의 눈동자는 심하게 불안한 듯 떨렸으며 어깨는 극심한 긴장으로 움츠러들었다.

더군다나 은희 씨는 자발적으로 상담에 온 것이 아니라 엄마의 권유로 마지못해 온 것이었다. 원칙적으로 최면상담에서는 상담에 대한 내담자의 자발성이 없을 경우 상담 자체를 진행하기 어렵다.

따라서 이 상담이 진행될 수 있을지 판단하기 위해서라도 첫 만남은 중요한 시간이었고 충분한 사전상담으로 상담사인 나와 최면이라는 작업에 대한 신뢰를 느끼게 하는 것에 할애하였다.

내담자가 상담사와 최면상담에 얼마나 신뢰를 가지고 작업에 임하느냐는 정말 중요하다. 결국 최면 작업의 성패는 내담자 본인이 스스로 이완하고 힘을 풀어서 오랜 무의식 속의 기억들과 억압된 감정을 얼마나 잘 풀어내느냐에 달려있는데, 만약 내담자가 자발성이 없거나 상담사에게 충분한 신뢰를 가지고 있지 못하다면 당연히 상담사 앞에서 여전히 긴장 한 채로 스스로 힘을 풀지 못할 것이다.

여기서 한 가지 덧붙이자면, 상담자의 자격과 진정성 있는 의도가 참으로 중요하다는 것이다. 서로 신뢰가 잘 형성되어서 몇 회기에 걸쳐 원활한 작업이 진행되면, 그 과정에서 내담자는 상담사를 믿고 자신의 내면을 점점 더 깊이 있게 오픈하게 된다.

그런데 이때 상담사가 잘못된 기술로 작업을 진행해 나가거나 자신도 모르게 부정적인 암시나 부적절한 리딩을 하게 되거나, 극히 소수의 일이지만 불순한 의도를 가지고 내담자를 대하게 된다면 오히려 내담자는 상담전보다 더 큰 상처를 받게 될 수도 있기 때문이다.

그래서 상담사는 늘 스스로에게 엄격해야 한다. 세션 하나하나가 본의 아니게 누군가의 깊은 인생에 관여할 수밖에 없는 일이다. 나의 무지와 부정적인 의도가 조금이라도 그 작업을 방해하지 않도록, 제대로 된 기술을 성실하게 연습하고 동시에 나의 내면 또한 순수하게 정화하려는 노력이 늘 필요하다.

나는 평소에도 '정화와 소통'이라는 개념을 내 인생 그 자체인 것처럼 여기는 사람이지만, 상담 의뢰가 들어오는 순간부터는 더욱더 나 스스로의 정화에 신경을 쓰게 된다. 그래서 나는 누군가의 상담을 진행하는 몇 주간이 나에게도 개인적인 정화의 집중기간, 자가 세션의 기간이라고 생각한다. 누군가를 정화하는 것이 결국은 동시에 나 자신을 정화하는 기간인 셈이다.

다행스럽게도 은희 씨와의 사전 대화의 결과 상담진행이 가능할 것으로 판단되었다. 사전 상담을 통해 일단 그녀가 가지고 있는 조울과 공황의 트리거(촉발단서)가 공통적으로 타인의 시선이라는 것을 파악하게 되었다. 그리고 그녀의 최면상담은 자연스럽게 마음속 분야를 활용한 변형된 파츠 워크와 ISE(최초의 사건)를 찾아 작업하는 최면분석을 함께 접목해 진행하게 되었다.

이 과정에서 하나일 것 같은 '타인의 시선'을 의식하는 양상이 실은 3가지로 나뉘어 있다는 것을 발견하게 되었다. 남들 시선을 의식하며 조울과 공황을 만들어 내고 있던 파트가 3가지의 모습으로 나온 것이다.

특이하게도 은희 씨의 내면 파트들은 그들의 모습을 이미지화하여 표현했다. 첫 번째로 나온 파트는 생뚱맞게도 우리나라 최고의 피겨선수인 김연아 씨의 모습을 하고 있었다. 내담자는 김연아 선수의 모습을 하고 있는 그 파트를 무서워서 보지 못하겠다고 했다. 평소에도 TV나 잡지에서 김연아 선수의 얼굴이 나오면 너무 무섭고 소름이 돋아서 보지 못한다고 한다. 마치 자신을 위협하는 듯한 느낌을 받는다고도 했다.

김연아 선수의 모습을 하고 있었던 파트는 자신의 역할이 누군가를 위협하는 것이라고 당당하게 말했다. 그래서 자신이 드러날 때마다 은희 씨는 위협을 느끼면서 두려워한다고 한다. 그리고 이러한 역할은 아주 오래전부터 자신이 해온 일이라고 했다.

그 파트의 원인을 탐구하는 과정에서 역행 테라피로 전환되었다. 그런데 그녀는 갑자기 생각지도 못했던 낯선 장면으로 갔다.

은희 씨는 기독교 모태 신앙인으로서 현재도 성실하게 교회를 다니고 있었고, 전생이라는 컨셉에 대해서는 딱히 믿음도 없고 평소 관심도 없는 사람이었다. 또한 나는 최면상담을 진행할 때 영혼통찰 기법을 적용하는 경우를 제외하고는 역행 테라피에서 전생에 대한 리딩(유도암시)을 주지 않는다.

부적절한 리딩으로 만들어진 전생은 왜곡된 기억일 뿐이고, 이러한 추상적인 정보는 실질적인 작업에 전혀 도움이 되지 않거나 오히려 작업의 질을 흩트릴 수 있기 때문이다.

그런데 은희 씨는 깊은 이완의 상태에서 상담사의 부적절한 리딩 없이, 그리고 평소 관심 밖의 영역이었던 전생이라는 무대로 스스로 시간을 뛰어넘어 자발적으로 역행했다.

그렇게 갑자기 이동한 전생의 그 장면은, 이 상황에 대해 내가 파악할 여유도 주지 않고 아주 긴박하게 진행되었다.

"아악~~~ 악!!!!!! 살려주세요!!!!!!!"

갑자기 소리를 지르며 얼굴이 새파랗게 질리더니 온몸까지 부들부들 떨기 시작했다. 그리고 이내 거친 숨을 내쉬며 목소리까지 내기 힘들어 했다. 금방이라도 기절할 것처럼 발작을 일으키는 그녀를 순간 침착하고 빠르게 진정시켜야 했다.

급격하게 떨고 있는 은희 씨에게 침착하고 선명한 목소리로 숫자를 세어 다시 이완을 유도해 호흡을 진정시켰다. 그리고 그녀와 내면의 안전한 장소에서 잠시 휴식하며 대화를 나누었다. 그곳에서 듣게 된 전생의 상황은 이러했다.

역행도중 갑자기 온몸이 어디론가 빨려 들어가는 느낌이 들더니 정신을 차렸을 때는 자신이 절벽에 매달려있더라는 것이다. 팔에는 힘이 빠지고 있고 살려달라는 목소리 또한 점점 나오지 않게 되면서 그 짧은 순간 죽음의 공포와 위협을 느꼈다고 한다.

이렇게 자발적인 전생역행의 경우 무시하고 넘어갈 수는 없다. 이 전생의 사실 여부를 떠나 어찌 됐던 이 사람의 내면은, 이런 스토리로써 이 작업의 실마리를 풀고 있는 것은 틀림없는 사실이기 때문이다.

그녀를 진정시킨 후, 이번에는 그 전생의 절벽장면이 아닌 그 이전의 좀 더 안정적인 장면으로 가보자고 한 뒤 역행을 진행했다. 그곳에서 은희 씨는 자신이 마을의 분란에 휩쓸려 쫓기고 있는 처지라고 했다. 그렇게 쫓기다가 결국은 절벽으로까지 몰려서 그런 상황에 직면했던 것이다.

내가 속한 KMH의 전문가 그룹에서는 TV 등에서 일반적으로 흔히 나오는 전생을 처리하는 방식을 사용하지 않는다. 이생에서 드러난 경험, 기억들과 전생이라는 무대에서 드러난 기억들을 조금 다른 방식으로 처리하고 있다.

이생 안에서 일어난 기억들은 구체적으로 그 상황을 파악하도록 한 뒤, 현실에 기반을 둔 감정인지 현실에 기반을 두지 않은 감정인지에 따라 오해를 제거하기 위해 통찰을 유도하거나 해소작용을 일으키는 구체적인 절차에 따른 직접적이고 적극적인 개입으로 진행한다.

하지만 전생에서 드러난 경험들은 그것을 구체적으로 파악해서 하나하나 풀어주는 방식이 아닌 '영혼통찰 기법'이라는 특유의 접근법을 사용한다.

이것에 대해 개인적인 설명을 덧붙이자면, 많은 세부적인 절차들이 있지만, 이 접근의 핵심은 전생과 이생의 중간 영역인 영혼의 입장에서 양쪽을 다 바라보며 스스로 통찰하도록 하는 것이다. 이것의 주요 목적은 대략적인 전생의 삶을 되뇌어 보면서 그것으로부터 교훈을 얻고 전생의 자원을 이생에서 부정적인 패턴이 아닌 긍정적인 자원으로 재활용하도록 유도하는 것이다.

우리의 영혼은 망각이라는 트릭 속에서 전생에서의 수많은 경험을 카르마의 형태로, 어떠한 인식도 없이 당연한 듯 짊어지고 다음 생을 시작한다. 하지만 그 인식 없는 패턴의 결과는 참 잔인하게 돌아온다. 원인도 알지 못한 채 이생에서 수많은 고통에 직면하게 된다.

생과 생 사이에 선 영혼이 양쪽의 삶을 바라보며 통찰을 하게 될 때, 양쪽의 삶의 색은 완전히 변하게 된다. 불행하기만 했던 과거를 고요하게 바라볼 수 있을 때 그것은 가치 있는 교훈을 남기게 되고, 불행했던 과거가 가치 있는 모습으로 바뀔 때 지금의 삶 또한 새로운 변화를 일으키게 된다.

또한 전생의 기억들이 만들어낸 캐릭터 그 자체로써 이생을 사는 것이 아니라, 새로운 캐릭터로 이 삶을 살고 있다는 것을 자각함으로써 끝도 없이 연결되어왔던 과거 생들의 에너지들로부터 해방될 수 있다.

정화의 개념에서 늘 그렇듯 모든 기억은 존중해 줘야 할 존재이기는 하나, '나'라는 존재 자체가 아님을 깊은 이완의 최면 속에서 진심으로 자각하는 것이다. 이것이 영혼통찰 기법의 중요한 핵심 효과이다.

참고로 내가 하고 있는 이 작업은 정식 버전의 파츠 테라피라는 기술이 아닌, 변형 파츠 워크와 영혼통찰 기법의 기본 형태를 응용한 독자적인 형식이라는 점을 밝힌다.

은희 씨에게도 이런 영혼 통찰의 과정을 진행한 후 다시 김연아 선수의 모습이 나왔던 마음의 방으로 돌아왔다. 그랬더니 매섭게 눈을 치켜뜨고 있었던 김연아 선수의 모습이 한결 부드럽게 변해있었다.

그리고 자신을 위협하는 역할을 하고 있었던 그 파트는 더 이상 위협이 아닌 자신감을 심어주는 역할을 하겠다고 했다. 누군가로부터 위협당하는 느낌을 들게 하는 것이 아니라, 김연아 선수가 가진 최고의 매력인 카리스마처럼 매사 자신감 있게 이 사람을 이끌어주는 역할을 하겠다고 스스로 말했다. 그렇게 역할이 바뀐 내면의 파트는 그녀의 내면에 새롭게 통합되었다.

이 파트가 해결되자 타인의 시선을 의식하는 양상의 두 번째 파트가 등장했다. 그 존재는 구름 모양의 이미지로 자신을 드러냈으며, 은희 씨 내면에서 하는 역할은 부끄러움을 만들어내는 것이라고 했다. 부끄러움을 만들어서 아무도 없는 곳으로 늘 숨게끔 하였다는 것이다.

이 파트와의 작업은 유년시절의 수치스러운 경험들을 언급하며 역행 테라피로 전환되었다. 그런데 재미있는 것은 갑자기 앞의 파트와 유사하게 또 한 번 자발적으로 전생의 무대로 역행해 버렸다는 것이다.

그녀는 그 생의 장면에서 27살이며 남장을 한 여성으로 살아가고 있다고 했다. 그 이유는 자신의 존재가 부끄러워서 사람들에게 드러내고 싶지 않아 자신을 숨기고 남장을 하고 살아가고 있다는 것이다.

마찬가지로 영혼 통찰 프로세스를 진행해서, 전생의 에너지들을 해방시켜주고 새로운 이생을 시작하도록 유도해 주었다. 그랬더니 구름 모양이던 부끄러움의 그 파트는 저절로 마음의 방에서 흔적도 없이 사라지고 없었다.

다음 작업에서는 마지막 세 번째 파트가 악마의 모습으로 등장했다. 그의 역할은 은희 씨를 무턱대고 괴롭히는 것이라고 했다. 정말 악마의 모습에 어울리게 말이다.

하지만 우리 내면의 파트는 결코 이유 없이 자신을 괴롭히지는 않는다. 나름대로 이 역할을 할 수밖에 없었던 방어기제가 반드시 존재하고 있으며, 대부분 스스로를 보호하기 위해 시작했던 역할이 오해 속에서 왜곡된 것이다.

악마라는 그 파트 또한 그를 존중해 주며 이야기를 잘 진행해 보니 나름의 이유가 있었다. 그것은 그녀가 무작정 편해지면 스스로 겸손함을 잃게 되어서 사람들에게 괴롭힘을 당할 거라는 것이었다. 그래서 자신이 먼저 괴롭혀서 스스로를 낮추게 하면 겸손함이 생기기 때문에 타인에게 사랑받고 괴롭힘을 당하지 않을 거라고 했다.

정말 마음 아픈 오해였다. 그 파트는 얼마나 오랫동안 자신을 외부로부터 보호하기 위해 스스로를 괴롭혀온 것인가. 이 파트는 몇몇 유년시절의 사건들에 대해 언급했다.

9살의 은희는 드레스처럼 화려한 원피스를 예쁘고 입고 등교했다. 그런 은희를 친구들이 마구 놀려댄 것이다. 자기가 공주인 줄 안다며 비웃는 친구들 속에서 은희는 한없이 초라해지는 자신을 느끼며 숨고 싶어 했다.

그리고 7살의 학예회 무대에서 열심히 연습했던 율동을 하던 중 순간의 실수로 넘어지고 말았다. 그때 그 모습을 지켜보던 많은 관중이 손가락질하며 박장대소하기 시작했다. 7살의 은희는 그 모습을 보며 극심한 수치심과 함께 이곳에서 자신이 사라졌으면 좋겠다고 말했다.

또한 고작 4살밖에 되지 않은 은희가 엄마 손에 의지한 채 시장을 구경하며 종종걸음으로 열심히 걸어가던 중, 발을 헛디뎌 넘어지고 말았다. 그걸 본 엄마는 갑자기 큰소리로 화를 내며 어린 은희의 등을 거칠게 때리고선 넘어진 딸을 그대로 질질 끌고 가는 것이었다.

"너는 4살이나 되어서 제대로 걷지도 못해? 아씨 부끄러워."라며 화를 내는 엄마의 거친 손에 마치 동물처럼 질질 끌려가던 아이는 주변에서 자신을 불쌍한 듯 바라보는 수많은 시장 사람들의 시선을 느꼈다고 한다. 그때 엄마가 은희에게 4살밖에 되지 않았으니 넘어지는 것은 당연하다고 말해 줬다면, 그녀의 인생은 어떻게 달라졌을까. 그때 엄마가 별일 아닌 듯 웃으며 넘어진 아이의 옷을 털어주고 괜찮다고 한마디만 해줬더라면 그녀의 인생은 어떻게 달라졌을까…?

그리고 이 파트의 작업에서 또한 은희 씨는 자발적으로 전생역행을 했다. 우리는 이 전생의 장면에서 앞서 경험했던 각각의 전생체험들이 하나의 생에서 일어났던 사연이었음을 알게 되었고, 비로소 그 구체적인 전체 사연을 알 수 있었다. 대략적인 내용은 이러했다.

전생의 그녀는 예쁜 외모에 마을 최고의 권력자인 아버지 밑에서 남부러울 것 없이 자란 여자였다. 20살이 되던 해에 한 남자와 사랑에 빠져 어렵게 아버지에게 허락을 받아 약혼했는데 알고 보니 이 사람이 옆 마을에서 큰 죄를 짓고 달아난 사기꾼이었던 것이다.

결국 이 사실이 마을에 다 밝혀지고 파혼을 강제로 당하게 된 그 여자는 주변의 수군거림에 견딜 수 없어 스스로의 신분을 숨기고 남자처럼 살아가게 됐다.

그리고 그 남자의 신분을 알면서도 사랑한 그 여자는 결국 그 남자의 공범처럼 몰리기 시작했고 자신의 아버지에게도 오해를 받아 버림받는 것은 물론, 양쪽 마을 전체에서 죄인으로 몰려 쫓겨 다니다 결국은 절벽까지 몰려 죽음을 맞이하게 되었다.

이 파트의 작업에서 나온 이번 생의 상처받았던 내면의 아이들을 치유해 줌과 동시에, 전생의 사연들을 고요하게 바라보며 통찰하는 영혼 통찰의 작업을 함께 진행했다.

전생의 묵은 에너지를 정화하고 새로운 에너지를 가지고 이생을 시작하는 작업을 계속해서 반복해 주었다. 전생의 사연들은 존중하되, 지금의 '나'는 아니다. 전생의 그 상처받은 캐릭터는 누구보다 이생에서의 '나'가 행복하고 자유롭게 잘 살아가기를 바랄 것이다.

서로 연결되어 있기 때문에, 전생의 캐릭터를 구체적으로 치유하는 것이 아니라 이생의 캐릭터로써 전생에서 누리지 못했던 것들을 온전히 누리는 것만으로도 전생의 캐릭터 또한 그 상처의 치유가 일어날 수 있음을 깊이 자각시켜주었다. 다행히 은희 씨는 아주 현명하게 잘 받아들이고 스스로 이해했다.

이 작업을 끝내고 돌아온 마음의 방에서 그 파트는 더 이상 악마의 모습이 아닌 평범한 여자의 모습으로 바뀌어 있었다. 그리고 그 파트는 더 이상 자신을 괴롭힐 이유가 없음을 스스로 인정했다. 또한 앞으로는 사랑이라는 테마로 자신을 사랑하겠다고 그 역할을 스스로 바꾸었다. 그렇게 사랑 파트를 그녀의 내면에 잘 통합함으로써 그날의 작업을 마무리했다.

그리고 며칠 뒤 은희 씨 어머니로부터 전화를 받았다.

"선생님~ 딸이 며칠 사이 완전 다른 사람이 됐어요. 눈빛과 표정이 완전히 달라졌어요. 글쎄, 초롱초롱한 눈빛으로 사람들을 똑바로 바라보며 이야기 하더라고요. 제 딸이 맞나 싶습니다. 정말 감사합니다."

정말 그녀의 변화는 놀라웠다. 자신감이 생겼다는 느낌이 스스로 들었으며, 공공장소에 있거나 대중교통을 이용할 때에도 전혀 두려움이 없었다고 했다. 학원에서 만나는 원생들, 학부모들과 상담하는 것도 편하고 즐거워졌으며, 새아버지에게도 더 이상 자신에게 이런 행동을 하지 마라며 명확하게 표현하고 저항했다고 한다.

평소 원망이 많았던 엄마는 전생에서 자신을 돌봐주었던 유모였다는 것을 알게 되었고, 엄마의 단점들이 아닌 전생을 걸쳐 수많은 시간 동안 자신을 돌봐주고 챙겨주었던 것에 감사의 눈물을 흘렸다고 한다.

또한 참 신기한 것은 은희 씨가 최면상담 중에 마음의 문제와 무관할 것으로 생각해 언급하지 않았던 위장장애 문제가 거짓말처럼 사라졌다고 했다.

여기에 덧붙여 마지막 회기에서 NLP의 뉴로로지컬 레벨(신경논리 단계)을 활용한 정렬작업을 더 해 주었다. 깊은 최면과 결합된 신경논리 단계의 정렬작업은 때때로 매우 강력하게 작동한다. 이 작업 또한 영혼 통찰 작업에서 얻을 수 있는 것처럼 인생의 바라보는 시각을 새롭고 넓게 해 주는 효과가 있다.

나는 NLP 전문가가 아니기에 각성상태에서 진행하는 오리지널한 워크를 그대로 진행하지 않고 최면과 접목한 변형으로 간단히 이것을 진행한다. 그녀의 경우는 이런 작업이 이루어졌다.

상담사 : 지금 본인이 있는 곳은 어디인가요? 어떤 환경에 있나요?
은희 : 저는 피아노학원에 있어요.

상담사 : 지금 피아노학원에 있는 당신은 어떤 행동을 하고 있나요?
은희 : 저는 아이들을 가르치고 있어요.

상담사 : 피아노 학원에서 아이들을 가르치는 일을 하고 있는 당신은 어떤 능력이 있나요?
은희 : 아이들을 지도하고 보살피는 능력이 있습니다.

상담사 : 피아노 학원에서 아이들을 가르치며 지도하는 능력이 있는 당신은 어떤 가치관을 가지고 있나요? 당신이 믿는 신념이나 좌우명이 뭔가요?
은희 : 저는 학원도 운영하면서 틈틈이 무대에도 설 수 있다는 믿음

을 가지고 있어요.

상담사 : 그런 당신은 누구인가요? 나는 누구인가요?

은희 : 내 옆에 음악이 있어요. 나는 음악과 함께하는 사람입니다.

상담사 : 자… 이제 당신은 가장 고차원의 존재와 함께하게 됩니다. 지금 당신은 당신의 신, 당신 안의 본질적인 에너지와 함께합니다. 그 속에서 당신의 삶의 목적을 찾아보세요. 고요하게 들어보고 느껴보세요. 당신의 삶의 목적은 무엇입니까? 그리고 누구를 위한 삶을 살아야 하나요?

은희 : 저는 음악으로 사람을 사랑하고 위안을 줘야 하는 삶을 살고 있습니다. 저는 진정한 '나'를 위한 삶을 살아가야 합니다. 그게 신의 뜻이고 제 인생의 목적입니다.

상담사 : 자… 그럼 다시 묻겠습니다. 그런 당신은 누구인가요? 나는 누구인가요?

은희 : 나는 음악을 하는 사람입니다.

상담사 : 그런 당신은 어떤 신념을 믿고 있나요?

은희 : 나는 음악, 공연계에서 왕성하게 활동할 사람입니다.

상담사 : 당신은 어떤 능력이 있나요?

은희 : 뮤지컬, 오페라 등에서 감정을 표현하는데 탁월한 능력이 있습니다.

상담사 : 그런 능력을 가지고 있는 당신은 어떤 행동을 하나요?

은희 : 즐겁게 하지만 아주 많이 연습하고 또 연습합니다.

상담사 : 그런 당신의 환경은 어디입니까?

은희 : 변화를 일으키는 환경 속에 있습니다. 나는 그렇게 합니다!

이것은 뉴로로지컬 레벨의 하위단계에서 상위단계로, 그리고 다시 하위단계로 내려오는 정렬작업이다. 이 간단한 대화에서 알 수 있듯이 그녀는 하위단계에서 올라갈 때의 진술과 상위단계에서 내려올 때의 진술이 달라졌다. 상위단계는 하위단계를 지배하는 힘을 갖고 있기 때문이다.

그리고 상담이 끝난 몇 개월 후 실제로 그녀는 그동안 막연히 묻어놓고 살아왔던 자신의 꿈을 실천하기 위해 뮤지컬 단원 오디션을 봤고, 합격해서 정식 단원으로서 활동을 시작하게 되었다는 연락을 해 왔다.

과거의 에너지 속에서는 아무것도 할 수 없는 무능력한 인생이었지만 과거의 에너지로부터 해방되는 순간 기억의 위로 진화해서 본인의 꿈과 능력을 제대로 펼치게 된 것이다.

이번 작업은 애초 내가 계획했던 변형 파츠 워크와 최면분석에 의도치 않았던 전생작업이 함께 진행되었다. 그리고 영혼 통찰 작업의 스펙타클한 효과를 직접 확인할 수 있는 상담이기도 했다. 이 상담은 단순히 조울과 공황 등의 심리적 문제를 해결하는 것을 넘어 한 사람의 삶의 방향을 변화시킨 상담이었다.

우리는 수많은 인생을 살아가고 있다. 마치 기차처럼 서로 연결되어서 긴 흐름으로 하나의 길을 나아간다.

과거는 결코 멈추지 않았고 미래는 결코 정해지지 않았다. 그래서 과거와 미래 사이에 서 있는 지금 '나'의 상태가 중요하다. 결코 바뀌지 않을 것 같은 그 기차의 방향을 바꿀 수 있는 존재가 바로 지금의 '나'이기 때문이다.

어린 시절 나의 책장에는 수십 권의 동화전집이 보기 좋게 진열되어 있었다. '콩쥐 팥쥐', '신데렐라', '성냥팔이 소녀' 등등…. 그 책 한 권 한 권이 전생 어느 삶에서의 내 경험이다. 그 하나하나의 캐릭터가 가지는 가치와 의미는 각각 다 소중하다. 그 하나의 삶에서 일어나는 수많은 교훈이나 아름다움 또한 비교할 것 없이 소중하다.

그리고 그 모든 전기를 두루 읽어나가고 있는 주체는 영혼이다. 한 권을 읽고 또 한 권을 읽고…. 읽은 책, 읽은 인생이 많아질수록 성숙해질 수밖에 없을 것이다. 그것이 영혼이 바라는 긴 여정의 과정일지도 모른다.

우리의 의식이 하나의 캐릭터에 간혀있다면 우리는 이생 안에서 소멸된다. 하지만 우리가 이생의 캐릭터에서 벗어나 모든 캐릭터를 두루 살펴보는 영혼의 시선에 서게 된다면 우리는 결코 소멸되지 않는다.

한 생을 거칠 때마다 아름다운 성장을 하는 영혼 그 자체가 된다. 한 권 한 권을 감동스럽게 읽어가며 성장을 이루는 영혼말이다.

그리고 깊은 이완 속에서 일어나는 영혼 통찰 작업의 목표는 이생에 간혀있는 시선을 영혼의 시선으로 올려주는 것에 있다.

책 한 권이 되는 것이 아니라 많은 책을 담담히 읽어 내려가는 주체의 시선으로 올려주는 것이다.

신과의
만남

이영현
한국 현대최면 마스터 스쿨 서울센터

　나는 내담자를 만나기 전 '호오포노포노'의 개념을 통해서 그 작업과
내담자의 무의식 상태를 미리 정화한다. 그래서 사실상 나에게 상담의
시작은 내담자를 만나는 순간이 아닌 상담일정이 정해지는 순간이다.

　그럼 어렴풋이 그 내담자의 상태가 느껴지기도 하는데, 뭔가 걸리는
듯한 그 느낌 자체를 완전히 가벼워질 때까지 반복해서 정화한다. 이
정화작업이 먼저 수월하게 진행되고 나면, 대부분 실제 상담 또한 수월
하게 진행되는 경우가 많다.

　민경(가명) 씨의 상담 의뢰를 받고 정화를 하던 중, 아주 두껍고 무거

운 무언가에 그녀의 의식이 눌려져 있는 것이 느껴졌다. 그래서 짐작하기를 이번 상담은 다뤄야 할 것이 꽤 많겠구나… 싶었다.

물론 상담사가 내담자를 만나기 전에, 상담과정이나 내담자의 상태에 대해서 미리 짐작하는 것은 바람직하지 않다. 결국 그 짐작이 상담사에게 일종의 선입견이 되어 내담자를 바라볼 수 있기 때문이다. 그 자체로 상담사와 내담자 간의 순수한 교감이 깨질 수 있다.

다만 나는 문동규 원장님께 최면을 배우기에 앞서, 꽤 긴 시간 호오포노포노로써 정화를 먼저 체화해 왔던 사람이다. 그래서 자연스럽게 평소 익숙하게 해오던 에너지 정화와 최면이라는 테크닉의 정화를 함께 병행하게 되었다. 물론 이 과정에서 내가 느끼고 의도하는 모든 것을 정화하는 것이 핵심이다. 그 사람을 먼저 느끼면서 정화하고, 그와 나 사이에 일어날 상담이라는 사건 자체를 정화하고. 또한 이런 교감으로 생성된, 상담과 그 사람에 대한 나의 의도까지도 정화해야 한다.

상담을 하기 전의 정화는 그 사람을 내 마음대로 분석하기 위한 것이 아닌, 그 사람과 나라는 인연의 모든 것들을 가장 깨끗하게 만드는 것이 목적이다. 순수하고 좋은 인연으로 만나야 나 또한 그 사람에게 제대로 도움을 주는 역할을 할 수 있기 때문이다.

어쨌든 민경 씨의 정화과정에서 무거운 느낌을 받았고, 그 느낌까지 정화하고, 그리고 무거울 거라는 나의 의도까지도 정화하고… 그렇게 상담 당일 그녀를 마주하게 되었다. 그런데 막상 최면 작업을 해 보니 내가 애초에 느꼈던 것과는 다르게 너무나 간단하게 마무리되는 것이다.

만약 내가 정화과정에서 느낀 그 무거움을 내 마음에 담고 상담을 했다면, 이렇게 간단하게 상담이 마무리되는 상황에서 '이건 틀림없이 잘못된 거야…. 뭔가 있을 거야…. 아니면 그저 내 상상이었나….' 등등의 많은 생각이 올라와서 내 마음을 심란하게 했을 것이다.

하지만 내 의도까지 정화가 잘 되었다면, 어떤 결과가 나오든 허용하게 된다. 나 또한 간단하게 끝난 민경 씨와의 첫 상담에 대해 어떤 의문도 품지 않고 가볍게 그 상황을 받아들였다. 실제로 최면 전 상담에서도 그녀는 본인의 인생에 심각한 문제가 있는 것은 아니라고 했으며, 다만 권위적이고 자기를 무시하는 남편 때문에 좀 스트레스를 받고 있다는 것이 전부였다. 덧붙여 몇 년에 한 번씩 감정이 폭발할 때가 있는데… 그 이유를 잘 모르겠다며 가볍게 이야기했다.

최면 작업이 시작되었고, 곧 본인의 가슴에 답답한 덩어리가 있다고 했다. 그리고 그 덩어리와 관련된 경험들이 떠올랐다. 사회생활을 막 시작해 직장 동료들과 회의하던 장소와 어린 시절 집에 혼자 있으면서 두려움을 느끼던 상태가 나왔다.

사회 초년 시절의 긴장감과 어릴 적 느꼈던 두려움을 처리해 주고 나자 민경 씨는 가슴에 있던 덩어리가 완전히 사라졌다며 쿨하게 모든 게 해결됐다고 말했다.

그렇게 쉽고 간단하게 진행된 첫 번째 상담을 기분 좋게 마무리한 그 날 밤, 나는 선명한 꿈을 하나 꾸게 되었다.

꿈속의 내 앞에 어린 여자아이들 몇 명이 옹기종기 모여앉아 있었다. 그러면서 서로 조잘조잘 대며 이야기하고 있는데… 자세히 들어보니 나에게 이런 말을 하고 있었다.

"우리 이름은 ISE(최초의 사건)에요. 부모는 같은데 우린 형제들이에 요~"

"뭐?? 그럼 너희가 바로 다중 ISE이구나~"

아침잠에서 깨어난 후에도 너무나 생생한 장면이어서 그냥 무시하고 넘길 수가 없었다. 정말 꿈에서처럼 민경 씨의 문제에 다중적인 ISE가 개입된 상황이라면 큰 것을 놓치고 있는 셈이기에, 어쩌면 내가 겉으로 드러난 내담자의 반응만 믿고 중요한 단서를 놓친 것인지도 모른다는 생각이 들었다.

일주일 후 두 번째 상담에서 민경 씨에게 가슴부위를 다시 느껴보라 고 했다. 처음에는 지난번 그 덩어리가 없다고 당당하게 말했다. 만약 내가 그런 꿈을 꾸지 않았다면 그녀의 말만 믿고 작업을 간단하게 마무 리했을 것이다.

하지만 나는 그녀에게 괜찮으니 찬찬히 그 부위를 느껴보라고 했다. 그랬더니 아주 약간의 덩어리가 있는데 이 정도는 대수롭지 않다고 하 는 것이다.

때때로 상담사는 집요해질 필요가 있다. 내담자가 본인도 스스로 인식하지 못해 놓치고 있거나 어떻게 끄집어내고 표현해야 할지 어색한 경우가 있기 때문이다. 그럴 때는 상담사가, 아무리 사소해 보이는 단서라도 놓치지 않고 잡아서 끝까지 작업을 반복하고 또 반복해봐야 한다.

민경 씨가 대수롭지 않다던 그 작은 덩어리와의 작업이 시작되었고 이내 그것과 연관된 장면 하나를 찾았다. 그전에 나왔던 장면과 같은 사회 초년 시절의 직장 회의 장면이 나왔다.

상담사 : 기분이 어때요? 지금 무슨 생각을 하고 있나요?
민경 : 좋아요~ 사람들과 즐겁게 회의하고 있어요.

상담사 : 지금 느끼는 감정이 다인가요? 혹시 그것 말고 또 다른 것이 있나요?
마음을 더 선명하게 바라보세요. 그리고 혹시 다른 감정이 있다면 말씀해 주세요. 당신은 충분히 자신의 마음을 들여다볼 수 있습니다.
민경 : 음…… 답답해요.

그녀는 이내 눈시울을 붉히며 말을 이어나갔다.

민경 : 나는 지금 아는 것이 하나도 없어요. 내가 도움을 줄 수 있는 부분이 없어요…. 내가 너무 무능력하고 못난 것 같아요.

왠지 뭔가 성과를 내야 할 것 같고… 쫓기는 기분도 들고…. 나를 바라보는 사람들의 시선이 두렵고 부담스러워요.

아… 그리고 미운 사람들도 많아요. 모두 돌아서서 내 욕을 할거에요…. 서로서로 험담하고 겉으로만 웃어요.

세상에…! 이게 진짜 내 마음이에요…. 그동안 난 솔직하지 못했어요.

하나의 덩어리처럼 보이던 그것은 두려움, 외로움, 소외감, 열등감, 쫓기는 듯한 불안감 등…. 아주 많은 세밀한 감정들이 깔려 있었다.

민경 씨는 평소에도 남들에게 겉으로 보이는 자기 모습에만 열중해 있어서 진짜 자기 마음은 들여다보지 못하고 살아온 것 같았다. 그 습관은 무의식 깊은 곳까지도 배여있어서 최면 중에도 쉽게 드러나지 않았던 것이다. 수많은 감정이 깔려있고, 그리고 그것을 외부에 드러내지 않으려고 하는 강한 신념이 그 위를 덮고 있었던 것이다.

그렇게 쏟아지는 감정들을 다 세분화시키고 각각의 ISE(최초 사건)를 찾아 하나하나 작업을 해 주었다. 각각의 감정들은 유년시절 각기 다른 경험들에서 비롯된 것들이었고, 세월과 함께 만들어진 그 감정들의 길이 서로 꼬여서 엉켜 있었다. 마치 엉망으로 꼬여있는 실타래의 매듭을 하나하나 풀어가는 느낌의 그 작업은 꽤 많은 시간을 소요하게 했다.

세 번째 상담에는 이 작업의 연장선에서 진행되었다. 점검과정에서 아직 가슴의 덩어리가 조금 남아 있었는데 그전하고는 모습이 달라졌다고 했다. 모습을 달리한 답답함의 이 라인은 엄마에 대한 오랜 섭섭함과 원망이었다.

아들을 원하는 집안에서 줄줄이 딸만 태어났고, 그중 넷째 막내딸로 태어난 민경 씨는 마지막 희망도 저버렸다는 따가운 시선 속에서 천덕꾸러기처럼 살아야 했다. 특히 늘 자신을 무시하고 자매 중에서도 제일 만만한 듯 온갖 짜증을 다 쏟아내던 엄마에게 큰 원망이 있었다.

어린 시절 무시당하고 상처받은 그녀를 정화할 때에는 우선 EFT 기법을 접목하여 감정을 풀어준 뒤 마음이 많이 안정된 아이에게 다시 '내면아이 통찰기법'을 적용했다.

이 작업의 마무리에 테스트와 에콜로지 체크(생태 점검)를 할 때는 네 번에 걸쳐 그 어느 때보다 신중하게 했다. 민경 씨 자신도 모르는 숨겨진 감정이 어딘가에 또 눌러져 있을지 모르니 말이다. 다행히 반복된 체크에서도 남은 부정적인 감정이 없다는 것을 확인하고 마무리 지었다.

이번 작업에서의 큰 성과는 자신의 인생을 전반적으로 바라보고 통찰할 수 있었다는 것이다. 그동안 몇 년에 한 번씩 터져 나와 현실적인 손해를 야기시켰던 감정폭발의 원인은, 오랫동안 자신의 마음을 들여다보지 않고 외부 세상에만 집중해있으면서 무작위로 쌓여있던 감정들이 스스로 살기 위해 터져 나왔던 것이었다.

그리고 민경 씨는 왜 하필 권위적인 남편을 만나 이렇게 무시당하며 살아야 하는지 늘 한탄해 왔는데, 알고 보니 예전에 자신을 늘 무시했던 권위적인 엄마의 모습이 지금 남편의 모습과 일치하고 있다는 것을 보게 되었다. 결국은 자신 내면에 존재하고 있던 인연의 모습이 외부로 투영되어 이런 남편을 스스로 끌어왔다는 자각을 하게 된 것이다. 가장 가까운 인연으로부터 무시당하는 것이 당연한 듯 자신의 인생이라고 무의식중에 인정하고 받아들인 결과였다.

그리고 자신 또한 남편을 대하는 반응이 어릴 적 엄마 앞에서 주눅이 들고 두려워하던 반응과 같다는 것도 인지하게 되었다. 결국, 그녀는 남편 앞에서 엄마를 바라보는 어린아이가 되어 똑같이 행동하고 있었던 것이다. 이 말은 자신의 반응이 바뀌면 남편의 반응도 바뀔 수 있다는 것이기도 하다.

그녀의 의식이 과거의 겁먹은 어린아이에서 벗어나 성장해서 진짜 어른으로 존재한다면 결코 남편은 민경 씨를 무시할 수 없을 것이다.

첫 사전면담에서 민경 씨는 본인을 아주 예민한 성격이라고 했다. 하지만 이번 작업 후, 그녀는 자신이 이렇게 둔한 사람인 줄 몰랐다며 놀라워했다.

외부의 인간관계에만 예민했지 정작 자기 자신에게는 정말 둔감했다는 것을 알게 된 것이다. 자신의 내면에 이렇게 많은 것들이 있었는지도 전혀 몰랐고, 자신의 인생임에도 어떻게 돌아가고 있는지에 대해 전혀 보지를 못했다고 한다.

외부세상의 보이는 것에만 예민한 사람들은 상대적으로 자신의 내면을 보는 면에서는 둔해질 수밖에 없다. 쓸 수 있는 온갖 신경을 외부를 향해 쓰고 있으니, 주변에서 일어나는 사소한 것 하나하나 다 민감하게 반응하고 상처를 키우고 문제를 만들어 더 예민하게 스스로 괴롭히기를 반복한다.

반면 내면으로 예민한 시선을 가진 사람들은 상대적으로 외부의 정보나 사건들에 무심해지게 된다. 내 마음에 집중하고 내 인생 라인에 집중하게 되면 밖에서 일어나는 수많은 사건이 사소하게 여겨지고 적당히 흘려버릴 줄도 알게 된다.

그들은 외부를 바꾸려고 애쓰면서 지치지 않고, 외부와 싸워서 이기려고 과도한 힘을 낭비하지 않는다. 그저 이 상황에서 어떡하면 자신의 마음을 편안하게 돌볼 수 있는지에만 집중한다.

타인을 이기기는 참 어렵다. 실제로 이긴다 한들 그 과정에서 많은 상처가 남을 수 있다. 하지만 자신의 마음과 타협하고 자신의 마음을 돌보는 것은 생각보다 어렵지 않다. 그래서 나는 상담할 때 주변인과 극심한 갈등에 있는 사람에게 종종 이렇게 조언하기도 한다.

"그 사람에게 복수하려고 고민하지 말고, 내 마음을 어떻게 쉴 수 있게 해줄지를 고민하세요."

그리고 마지막 상담 회기에서는 통찰 위주의 작업이 진행되었다.

민경 씨는 독실한 기독교 신자였고 사전면담에서도 하나님에 대한 부분을 많이 언급했다. 기도를 열심히 하면서 신앙생활을 하고 있으나 확신이 서지 않고 늘 흔들려서 방황하고 있다고 했다. 그래서 이번 작업에는 내면작업을 통해 순수한 상태에서 하나님의 에너지를 느껴보기로 했다.

깊은 이완상태에 있음을 확인하고, 물질을 벗어나 영혼의 상태로 빠져나오게끔 했다. 그러자 천사들이 자기를 데리고 간다고 한다. 그리고 잠시 후… 갑자기 격렬한 반응을 보이기 시작했다. 얼굴과 온몸이 발갛게 달아오르면서 대성통곡을 했다. 정말 온몸으로 벅찬 눈물을 흘리는 것처럼 보였다.

"하나님…! 정말 계시는군요. 정말 존재하고 계셨군요. 죄송해요. 당신을 믿으면서도 한편으론 확신이 없었어요."

너무나 따뜻하고 한없이 평화로울 그 품에서 맘껏 위로받고 울 수 있도록 나는 한참을 숨죽이고 기다렸다. 그리고 조금 진정된 후 그녀에게 이렇게 물었다.

상담사 : 하나님은 그렇게 외로운 당신에게 왜 이생에서 이해심 많은 남편을 주지 않고 당신을 무시하고 권위적인 남편을 만나게 하신 거죠? 그 이유가 알고 싶어요. 여쭤보세요.

민경 : 남편은 결코 강한 사람이 아니래요. 굶주린 사람이래요. 많이 부족하고 배고픈 굶주린 영혼이요…. 그런 사람을 내가 정말 사

랑할 수 있을 때 남들 또한 정말 진정으로 사랑할 수 있는 힘이 생긴 대요. 그래서 그 사람을 내게 보내신 거래요.

내가 잘잘못을 떠나서 사랑하고 또 사랑하면 그 결과는 하나님이 알아서 다 주신대요. 그러니 사랑하기만 하면 된대요. 사랑하다 보면 모든 게 잘 풀리고 좋은 것들로만 가득 차게 될 거라고요.

상담사 : 아~ 우린 흔히 누군가를 사랑하고 당연한 듯 그 대가를 그 사람에게 바라죠. 그리고 금방 그 사람의 잘잘못을 따지기 시작하며 쉽게 사랑을 놓아버리게 되죠.

근데 하나님 말씀은 누군가를 사랑하기만 하면 그 결과나 대가는 알아서 그 어느 곳에서든지 받을 수 있다는 거군요. 준 곳에서만 받으려고 하다 보니 사랑이 갈등으로 변하기 마련인데…. 아주 중요한 메시지를 주시네요.

민경 : 네~ 바로 그거에요.

그 후 마음의 방에 남편을 불러왔다. 의식적인 눈으로 남편을 보지 말고 하나님의 눈으로 남편을 보라고 했다. 그러니 달라 보인다 한다. 남편의 모습이 한없이 약하고 유한 어린아이의 모습으로 보인다 한다. 그 사람 스스로가 내면의 굶주림이 있었기 때문에 술이나 성질을 내는 것으로 그것을 채우려고 애쓰고 있었다는 것을 분명히 알겠다고 한다.

앞으로 자기최면을 통해 늘 하나님의 빛으로 자신을 정화할 수 있도록 연습시키고 그렇게 이 상담을 마무리했다.

나는 사실 신이란 존재는 믿지만, 특정 종교는 없다. 그래서 민경 씨가 말하는 '하나님'이 정말 객관적으로 존재하고 있는지는 모른다. 다만 사람들 내면 깊은 곳에는, 우리 의식이 알지 못하는 엄청난 지혜와 통찰을 가진 어떤 존재가 반드시 존재한다는 것에 대해서는 확신한다.

　카르마와 감정, 신념들에 영향받지 않고 사랑, 순수 그 자체로 존재하고 있는 영역이 누구에게나 있다고 믿는다. 그 영역을 놓고 누군가는 영혼이라고 말하고, 누군가는 신성이라고 말한다(울트라 뎁스® 프로세스에서 우리는 이것을 잠재의식이라는 이름으로 부른다).

　가장 중요한 것은 그 존재를 외부나 타인의 모습에서 찾지 않고 나 자신의 내면에서 찾을 때 우린 정말 신과 가까워질 것이다. 단지 신을 숭배하고 따르기만 한다면 우리는 결코 신과 함께할 수 없다. 신과 닮아가야… 신의 모습이 내 안에서 드러날 때 우리는 진짜 신과 함께할 수 있게 된다.

글을 마무리하며

정도의 차이만이 있을 뿐, 우리는 누구나 태어나서 자라고 늙어가는 동안 크고 작은 상처들과 편견, 오해된 신념들을 각자의 마음속에 지니고 살아간다. 그리고 이렇게 우리의 가슴속에 지니고 있는 것들은 흔히 생각하는 것처럼 시간이 흐른다고 해서 쉽사리 사라지지 않는다.

비록 의식차원에서는 희미하게 느껴지더라도 대부분 그것은 마음 깊은 곳에서 하나의 자원이 되어 당시의 강렬한 에너지를 잃지 않고 보존하고 있다. 바로 우리가 '무의식'이라고 부르는 장소에 말이다.

그리고 그것은 특정한 내·외부의 자극에 의해 시시각각 의식화되거나 심지어 의식적으로는 영문도 모른 채 무의식적인 영향을 주고 있다. 이것은 마치 쓰레기로 가득 찬 썩은 쓰레기봉투들을 안방 장롱 속에 쌓아둔 채 문만 닫아두고 있는 것과 유사하다.

여기에서 풍겨 나오는 악취는 파리와 해충 등의 벌레들을 부르고 방을 오염시킨다. 악취가 풍기는 방에 약을 뿌리고 벌레들을 잡고 향수를 뿌려놓아도 그것은 일시적인 방편일 뿐, 시간이 지나며 다시 그 방은 오염이 진행된다. 실제로 사람들 대부분은 방에 가득 찬 쓰레기봉투가 있을 때, 이것을 버려야 할 것으로 생각하지, 그것을 방의 일부로 인식하지는 않을 것이다.

그러나 정작 우리 마음의 방의 쓰레기들에 대해서는 버려야 할 것으로 인식하기는커녕 그것을 오히려 자신의 일부로 여기는 경우들이 많다. 마치 그 쓰레기가 자신의 일부인 것처럼 말이다. 우리 안의 자원은 시스템 속에서 우리의 의식에 영향을 주며 상호작용하지만, 그것은 어디까지나 자원 또는 데이터, 기억일 뿐 진짜 '나'가 아니다. 이렇게 우리가 자원을 기반으로 인식하고 있는 '나'는 가짜 정체성이며 바로 우리가 '에고'라고 부르는 것이다.

우리가 내 안의 쓰레기가 내 것이 아님을 인식하고 하나씩 청소해 나간다면 그 쓰레기들 뒤에 가려져 있던 진짜 나의 본모습이 드러나기 시작할 것이다. 이것은 결국 내면의 청소이자 '정화'의 과정이다.

독자들이 지금까지 이 책의 사례들을 통해 알 수 있듯이 여기에 등장하는 사례들은 내담자가 겪은 깊은 상처와 고통을 단순히 긍정적인 이미지로 상상하여 대체하거나, "좋아진다, 좋아진다!"라는 말을 반복하는 생활 최면의 형식으로 간단히 해결될 수 있는 사례들이 아니다.

이 과정은 한 사람의 내면에 깊이 고착된 뿌리 깊은 상처와 아픔의 원인을 찾아 치유하고 긍정적인 방식으로 내적 통합을 이루며 자유로움과 자기 성장의 길로 나아가는 것을 돕는 진지하고 숙연한 변화의 여정이다. 그리고 이런 과정은 앞서 언급한 '정화'라는 과정의 일부이기도 하다. 최면상담은 바로 이런 자유로움으로 가는 '정화' 과정의 강력한 도구 중 하나인 것이다.

이 과정에서 내담자의 통찰이나 성숙 못지않게 최면 상담사의 그것은 너무나 중요한 요소로 작용할 수 있다. 최면상담이라는 도구를 다루는 기술자로서, 최면상담에 대한 제대로 된 고급 기술들을 정확하게 익히고 성실하게 연습하는 것은 매우 중요한 것이다.

그러나 최면 상담사는 결코 이 수준에 그쳐서는 안 되며 우리가 사용하는 이 기술이 무엇을 다루는지에 더욱 집중해야 한다. 이것은 바로 우리 에고가 '마음'이라고 부르는 것을 다루는 것이다.

도구를 다루는 것은 사람이며, 최면 상담사는 바로 그런 기술적 도구를 다루는 사람이다. 따라서 최면 상담사는 특히 이런 과정에서 또 한 사람의 존재로서 자기 자신에 대해 관찰하고 인식하고 알아차리며 성장해나갈 수 있는 깊은 중심이 필요하다.

그것이 바로 KMH 전문가 그룹의 트레이너들과 최면 상담사들에게 자기 자신의 내면의 순수함에 다가가는 정화의 과정과 자기 소통과정을 필수적인 요건으로 포함시키고 있는 이유이다.

도구를 사용하는 사람이 성숙해지면 그 도구의 질 또한 성숙해진다. 자신의 삶과 인생에 대해 알고 나아가는 사람과 자신의 에고 속 욕구와 감정들 속에 갇혀있는 사람은 그들이 사용하는 도구에서도 분명한 차이점이 생길 수밖에 없는 것이다.

이는 '완벽한 인간'을 추구하는 것이 아니라 '성장해나가는 의식'을 추구하는 것이다. 이런 언급을 하는 저자 또한 그 과정 속을 걷고 있는 한 사람일 뿐이다.

이것은 저자가 그 점진적 과정을 최면교육 체계의 일부로서 구축하면서 최면분야에 뛰어드는 후학들에게 꼭 강조하고 있는 메시지이기도 하지만, 비단 이것은 특정 집단만이 아닌 오늘날을 살아가는 한 사람의 삶의 주체로서 누구에게나 필요한 중심일 것이다.

최면과 최면상담의 가치가 단순히 한 개인의 고통을 회피하고 목표를 성취하는 수준을 넘어 한 에고의 성장과 성숙, 그리고 자유로움으로 가는 자기 정화의 길에서 중요한 도구로서 인식되고 활용될 수 있기를 바라본다.

의식을 여는 마스터키, 최면
: 메즈머리즘에서 울트라 뎁스® 까지

최면, 써드 제너레이션
: 에고를 넘어서

내 인생의 호오포노포노
: 천사들이 들려주는 이야기

내 인생의 날개를 펼쳐라
: 현실을 바꾸는 내면의 비밀

내 아이를 위한 정화

: 자녀를 사랑하는 부모들을 위한 정화 가이드북

나는 왜 호오포노포노가 안 되는 걸까?

: 천사들이 들려주는 이야기 세 번째 시리즈

KMH 전문가 그룹 최면상담 사례집

: 무의식 REPROGRAMMING

초판 1쇄 인쇄 2020년 11월 03일
초판 1쇄 발행 2020년 11월 10일

지은이 한국 현대최면 마스터 스쿨
펴낸이 류태연
편집 김지인 | **디자인** 김민지 | **마케팅** 이재영

펴낸곳 렛츠북
주소 서울시 마포구 독막로3길 28-17, 3층(서교동)
등록 2015년 05월 15일 제2018-000065호
전화 070-4786-4823 **팩스** 070-7610-2823
이메일 letsbook2@naver.com **홈페이지** http://www.letsbook21.co.kr
블로그 https://blog.naver.com/letsbook2 **인스타그램** @letsbook2

ISBN 979-11-6054-413-8 03180